中国人民银行统计季报

THE PEOPLE'S BANK OF CHINA QUARTERLY STATISTICAL BULLETIN

2020-4

总第100期

VOLUME C

目录

Contents

目录

Contents

1 1 主要经济指标
Major Economic Indicators

单位：亿元
Unit:100 Million Yuan

时间 Time	国内生产总值*（现价）Gross Domestic Product* (Current Price)	第一产业 Primary Industry	第二产业 Secondary Industry	第三产业 Tertiary Industry
2013	592963	53028	261952	277984
2014	643563	55626	277283	310654
2015	688858	57775	281339	349745
2016	746395	60139	295428	390828
2017	832036	62100	331581	438356
2018.01				
2018.02				
2018.03	202036	8576	76598	116862
2018.04				
2018.05				
2018.06	425998	21580	167699	236720
2018.07				
2018.08				
2018.09	660472	39806	260811	359855
2018.10				
2018.11				
2018.12	919281	64745	364835	489701
2019.01				
2019.02				
2019.03	218063	8769	81807	127487
2019.04				
2019.05				
2019.06	460637	23207	179122	258308
2019.07				
2019.08				
2019.09	712845	43005	276913	392928
2019.10				
2019.11				
2019.12	990865	70467	386165	534233
2020.01				
2020.02				
2020.03	206504	10186	73638	122680
2020.04				
2020.05				
2020.06	456614	26053	172759	257802
2020.07				
2020.08				
2020.09	722786	48123	274267	400397

* 季度国内生产总值为当年累计数。
* The quarterly data for GDP are grand totals of current year.

1 2 主要经济指标 Major Economic Indicators

单位：%
Unit: %

时间 Time	国内生产总值 * Gross Domestic Product*	第一产业 Primary Industry	第二产业 Secondary Industry	第三产业 Tertiary Industry	工业增加值 ** Industrial Value-added**	国有及国有控股企业 State-owned and State-holding Enterprises	集体企业 Collective Enterprises	外商及港澳台投资企业 Foreign-funded Enterprises
2013	7.8	3.8	8.0	8.3	9.7	6.9	4.3	8.3
2014	7.4	4.1	7.2	8.3	8.3	4.9	1.7	6.3
2015	7.0	3.9	5.9	8.8	6.1	1.4	1.2	3.7
2016	6.8	3.3	6.0	8.1	6.0	2.0	-1.3	4.5
2017	6.9	4.0	5.9	8.3	6.6	6.5	0.6	6.9
2018.01					15.4			
2018.02					-2.1			
2018.03	6.9	3.2	6.2	7.8	6.0	5.7	3.9	4.9
2018.04					7.0	7.7	-6.4	6.8
2018.05					6.8	8.1	-2.9	8.4
2018.06	6.9	3.3	6.1	7.9	6.0	6.1	-1.9	5.4
2018.07					6.0	6.2	-2.8	6.1
2018.08					6.1	5.6	-1.2	4.9
2018.09	6.8	3.4	5.8	8.1	5.8	5.6	2.0	3.2
2018.10					5.9	4.6	-3.6	3.9
2018.11					5.4	3.9	2.0	1.9
2018.12	6.7	3.5	5.8	8.0	5.7	3.6	-1.4	1.7
2019.01					6.8			
2019.02					3.4			
2019.03	6.4	2.7	6.1	7.0	8.5	4.7		4.2
2019.04					5.4	6.0		2.5
2019.05					5.0	3.7		-0.3
2019.06	6.3	3.0	5.8	7.0	6.3	6.2		1.8
2019.07					4.8	3.7		-0.2
2019.08					4.4	4.1		1.3
2019.09	6.2	2.9	5.6	7.0	5.8	4.9		2.9
2019.10					4.7	4.8		2.1
2019.11					6.2	3.7		3.2
2019.12	6.1	3.1	5.7	6.9	6.9	7.0		4.8
2020.01					-4.3			
2020.02					-25.9			
2020.03	-6.8	-3.2	-9.6	-5.2	-1.1	-2.5		-5.4
2020.04					3.9	0.5		3.9
2020.05					4.4	2.1		3.4
2020.06	-1.6	0.9	-1.9	-1.6	4.8	4.9		4.2
2020.07					4.8	4.1		7.6
2020.08					5.6	5.2		5.3
2020.09	0.7	2.3	0.9	0.4	6.9	6.5		7.1

* 国内生产总值累计增长率和工业增加值当月增长率按可比价格计算。
* The growth rates of accumulative GDP and the growth rates of monthly industrial value-added are calculated on the basis of comparable price.
** 工业增加值口径自 2011 年起改为年主营业务收入 2000 万元及以上的工业企业。
** The industrial value-added has been adjusted to industrial enterprises with the annual sales income from main business over 20 million yuan since 2011.

1 3 主要经济指标
Major Economic Indicators

单位：亿元
Unit: 100 Million Yuan

时间 Time	固定资产投资（不含农户）* Fixed Assets Investment (Excluding Rural Households) *	国有及国有控股 State-owned and State-holding Units	房地产开发 Real Estate Development	消费品零售额 ** Total Retail Sales of Consumer Goods**
2013	436528	144056	86013	234380
2014	502005	161629	95036	262394
2015	551590	178933	95979	300931
2016	596501	213096	102581	332316
2017	631684	232887	109799	366262
2018.01				
2018.02	44626		10831	
2018.03	100763		21291	29194
2018.04	154358		30592	28542
2018.05	216043		41420	30359
2018.06	297316		55531	30842
2018.07	355798		65886	30734
2018.08	415158		76519	31542
2018.09	483442		88665	32005
2018.10	547567		99325	35534
2018.11	609267		110083	35260
2018.12	635636		120264	35894
2019.01				
2019.02	44849		12090	
2019.03	101871		23803	31726
2019.04	155747		34217	30586
2019.05	217555		46075	32956
2019.06	299100		61609	33878
2019.07	348892		72843	33073
2019.08	400628		84589	33896
2019.09	461204		98008	34495
2019.10	510880		109603	38104
2019.11	533718		121265	38094
2019.12	551478		132194	38777
2020.01				
2020.02	33323		10115	
2020.03	84145		21963	26450
2020.04	136824		33103	28178
2020.05	199194		45920	31973
2020.06	281603		62780	33526
2020.07	329214		75325	32203
2020.08	378834		88454	33571
2020.09	436530		103484	35295

* 自2011年起，投资项目统计起点标准由原来的50万元调整为500万元，"固定资产投资（不含农户）"等于原口径的"城镇固定资产投资"加上"农村企事业组织项目投资"。

* Since 2011, investment indicators have been calculated using new threshold criteria of 5 million yuan instead of 500 thousand yuan in the past. "Fixed Assets Investment(Excluding Rural Households)" equals to "Fixed Assets Investment in Urban Area" under the old creteria plus "Investment of Rural Enterprises and Institutions".

** 自2010年1月起，"消费品零售额"采用新的分组替代原来的分组。

** Since January 2010, "Total Retail Sales of Consumer Goods" has adopted new categories.

1 4 主要经济指标
Major Economic Indicators

单位：亿美元（除另注明外）
Unit:100 Million USD (unless noted otherwise)

时间 Time	人均收入（单位：元人民币） Income Per Capita (Unit:RMB Yuan)		进出口总值 Trade Volume			贸易差额 Trade Balance	外商直接投资 * Foreign Direct Investment*	外汇储备 * Foreign Exchange Reserves*
	城镇居民可支配收入 Disposable Income of Urban Households	农村居民可支配收入 ** Disposable Income of Rural Households**		出口 Export	进口 Import			
2013	26467	9430	41590	22090	19500	2590	1176	38213
2014	28844	10489	43015	23423	19592	3831	1196	38430
2015	31195	11422	39530	22735	16796	5939	1263	33304
2016	33616	12363	36856	20976	15879	5097	1260	30105
2017	36396	13432	41071	22633	18438	4196	1310	31399
2018.01			3806	1995	1812	183	121	31615
2018.02			3089	1705	1383	322	211	31345
2018.03	10781	4226	3536	1739	1797	-58	345	31428
2018.04			3717	1989	1727	262	436	31249
2018.05			3998	2116	1882	234	527	31106
2018.06	19770	7142	3903	2156	1747	409	683	31121
2018.07			4013	2144	1869	275	761	31179
2018.08			4076	2169	1907	263	865	31097
2018.09	29599	10645	4205	2254	1951	303	980	30870
2018.10			3965	2148	1818	330	1077	30531
2018.11			4067	2243	1824	419	1213	30617
2018.12	39251	14617	3849	2209	1641	568	1350	30727
2019.01			3976	2180	1796	384	124	30879
2019.02			2676	1353	1323	30	217	30902
2019.03	11633	4600	3651	1982	1669	314	358	30988
2019.04			3741	1936	1805	131	451	30950
2019.05			3867	2139	1728	411	546	31010
2019.06	21342	7778	3753	2125	1628	497	707	31192
2019.07			3995	2218	1778	440	788	31037
2019.08			3950	2149	1802	347	893	31072
2019.09	31939	11622	3974	2182	1791	391	1008	30924
2019.10			3836	2130	1707	423	1108	31052
2019.11			4057	2214	1843	372	1244	30956
2019.12	42359	16021	4300	2386	1914	472	1381	31079
2020.01							127	31155
2020.02			5926	2929	2998	-69		31067
2020.03	11691	4641	3504	1851	1652	199	312	30606
2020.04			3551	2002	1549	453	413	30915
2020.05			3507	2068	1439	629	512	31017
2020.06	21655	8069	3807	2136	1672	464	679	31123
2020.07			4129	2376	1753	623	770	31544
2020.08			4116	2353	1763	589	890	31646
2020.09	32821	12297	4425	2398	2028	370	1033	31426

* 月度外商直接投资为累计数，外汇储备为余额数。
* Monthly data for foreign direct investment are grand totals. Data for foreign exchange reserves are outstanding amounts.
** 自 2015 年起，本表中“农村居民现金收入”更名为“农村居民可支配收入”；对 2015 年以前该项数据未作调整。
** Since 2015, in this table, as "Cash Income of Rural Households", "Disposable Income of Rural Households" has been used, the data before 2015 are unchanged.

1.5 主要经济指标
Major Economic Indicators

单位：亿特别提款权
Unit:100 Million SDR

时间 Time	进出口总值 Trade Volume	出口 Export	进口 Import	贸易差额 Trade Balance	外商直接投资 Foreign Direct Investment
2016	26539.1	15103.5	11435.6	3667.9	906.9
2017	29580.2	16298.5	13281.7	3016.8	944.9
2018.01	2646.3	1386.8	1259.5	127.4	83.9
2018.02	2128.4	1175.1	953.2	221.9	145.9
2018.03	2433.9	1197.0	1236.9	-39.9	238.4
2018.04	2562.3	1371.5	1190.8	180.7	301.1
2018.05	2806.9	1485.7	1321.3	164.4	364.7
2018.06	2760.2	1524.7	1235.4	289.3	475.5
2018.07	2855.9	1525.8	1330.2	195.6	530.6
2018.08	2921.2	1554.8	1366.4	188.5	605.4
2018.09	3003.3	1609.7	1393.6	216.1	687.2
2018.10	2851.1	1544.1	1307.0	237.1	757.0
2018.11	2937.7	1620.0	1317.7	302.3	855.2
2018.12	2778.6	1594.3	1184.3	410.0	954.2
2019.01	2852.2	1563.8	1288.4	275.4	89.0
2019.02	1922.5	972.2	950.3	21.8	155.7
2019.03	2623.5	1424.7	1198.8	225.9	257.1
2019.04	2696.4	1395.2	1301.3	93.9	324.4
2019.05	2798.3	1548.3	1250.0	298.2	393.0
2019.06	2708.2	1533.1	1175.1	358.0	509.4
2019.07	2892.3	1605.6	1286.7	318.9	567.7
2019.08	2877.3	1565.1	1312.2	252.9	643.9
2019.09	2903.7	1594.5	1309.2	285.4	728.1
2019.10	2796.3	1552.4	1244.0	308.4	801.0
2019.11	2950.3	1610.3	1340.0	270.3	900.0
2019.12	3118.7	1730.7	1388.0	342.7	999.7
2020.01					91.9
2020.02	4327.1	2138.6	2188.6	-50.0	
2020.03	2553.5	1349.5	1204.0	145.5	226.9
2020.04	2604.4	1468.4	1136.0	332.4	301.3
2020.05	2571.7	1516.6	1055.1	461.4	373.6
2020.06	2759.7	1548.0	1211.6	336.5	494.8
2020.07	2966.2	1707.0	1259.2	447.7	559.8
2020.08	2915.2	1666.3	1248.9	417.3	645.0
2020.09	3133.9	1698.0	1436.0	262.0	746.0

注 1：外商直接投资为累计值。

Note 1: Monthly data for foreign direct investment are grand totals.

注 2：进出口、贸易差额和外商直接投资数据以 SDR 为计值单位。具体方法为：以商务部和中国海关总署发布的美元计值的月度外商直接投资和进出口、贸易差额发生额数据为基础，根据国际货币基金组织每个工作日公布的 SDR 对美元汇率计算月均汇率，折算以 SDR 计值的月度数据。季度和年度数据均由 SDR 计值月度数据累计相加获得。

Note 2: Data for import, export, trade balance and foreign direct investment are measured in SDR. The method is to convert the monthly data for foreign direct investment, imports, exports and trade balance measured by US dollar, which are published by the Ministry of Commerce and the General Administration of Customs of China, to monthly data measured in SDR. The monthly SDR value is averaged by the daily SDR value against US dollar published by IMF. Quarterly and annual data are aggregated from the converted monthly data.

2.1 主要金融指标 Major Financial Indicators

单位：亿元
Unit:100 Million Yuan

时间 Time	社会融资规模增量 Aggregate Financing to the Real Economy(AFRE, Flow)	M2	M1	M0	金融机构人民币各项存款 Total Deposits by All Financial Institutions	储蓄存款 * Savings Deposits*	金融机构人民币各项贷款 Total Loans by All Financial Institutions
2013	173169	1106525	337291	58574	1043847	447602	718961
2014	158761	1228375	348056	60260	1138645	485261	816770
2015	154063	1392278	400953	63217	1357022	546078	939540
2016	177999	1550067	486557	68304	1505864	597751	1066040
2017	261536	1676769	543790	70646	1641044	643768	1201321
2018.01	31417	1720814	543247	74636	1679728	652744	1230255
2018.02	43482	1729070	517036	81424	1676717	681474	1238649
2018.03	60573	1739859	523540	72693	1691816	686804	1249814
2018.04	82816	1737684	525448	71476	1697168	673585	1261589
2018.05	94050	1743064	526277	69775	1710216	675751	1273112
2018.06	114423	1770178	543945	69589	1731176	686695	1291534
2018.07	132805	1776196	536624	69531	1741463	683763	1306067
2018.08	156883	1788670	538325	69775	1752365	687226	1318822
2018.09	179944	1801666	538574	71254	1761267	700518	1332663
2018.10	189482	1795562	540128	70107	1764802	697171	1339633
2018.11	205609	1813175	543499	70563	1774310	704576	1352127
2018.12	224920	1826744	551686	73208	1775226	716038	1362967
2019.01	46791	1865935	545638	87471	1807904	754594	1395256
2019.02	56456	1867427	527190	79485	1820995	767902	1404114
2019.03	86059	1889412	547576	74942	1838227	776654	1421057
2019.04	102768	1884670	540615	73966	1840833	770406	1431218
2019.05	119892	1891154	544356	72798	1853010	772823	1443055
2019.06	146135	1921360	567696	72581	1875680	784172	1459691
2019.07	159007	1919411	553043	72689	1882100	783140	1470249
2019.08	180963	1935492	556798	73153	1900148	785854	1482338
2019.09	206105	1952250	557138	74130	1907341	801298	1499247
2019.10	214785	1945601	558144	73395	1909713	795286	1505861
2019.11	234722	1961430	562487	73974	1922791	797752	1519741
2019.12	256735	1986489	576009	77189	1928785	813017	1531123
2020.01	50513	2023066	545532	93249	1958066	855387	1564498
2020.02	59250	2030830	552701	88187	1968311	854188	1573555
2020.03	111093	2080923	575050	83022	2009933	877723	1602089
2020.04	142135	2093534	570150	81485	2022635	869727	1619067
2020.05	174001	2100184	581111	79707	2045740	874546	1633888
2020.06	208637	2134949	604318	79459	2074780	896318	1651999
2020.07	225556	2125458	591193	79867	2075583	889123	1661925
2020.08	261429	2136837	601289	80043	2094948	893096	1674708
2020.09	296200	2164085	602312	82371	2110774	912537	1693665

注 1：自 2011 年起增加社会融资规模增量指标。社会融资规模增量是指在一定时期内（每月、每季度或每年）实体经济从金融体系获得的资金总额。统计数据为年累计数，当期数据为初步数据。

Note 1: Aggregate Financing to the Real Economy(AFRE, Flow) has been included as a new indicator since 2011. It includes all the funding from the financial system to the real economy during a certain period, such as a month, a quarter or a year. In this sheet, data of "AFRE, Flow" are yearly accumulated amounts. Statistics for the current period are preliminary.

注 2：自 2011 年 10 月起，货币供应量已包括住房公积金中心存款和非存款类金融机构在存款类金融机构的存款。

Note 2: Since October 2011, money supply has already included deposits in housing provident fund management centers, as well as deposit of un-depository financial institutions with depository financial institutions.

* "居民储蓄存款" 更名为 "储蓄存款"。

* "Household Savings Deposits" is renamed as "Savings Deposits".

注 3：自 2019 年 12 月起，中国人民银行进一步完善社会融资规模统计，将"国债"和"地方政府一般债券"纳入社会融资规模统计，与原有"地方政府专项债券"合并为"政府债券"指标。指标数值为托管机构的托管面值。自 2019 年 9 月起，中国人民银行完善"社会融资规模"中的"企业债券"统计，将"自交易所企业资产支持证券"纳入"企业债券"指标。自 2018 年 9 月起，中国人民银行将"地方政府专项债券"纳入社会融资规模统计。自 2018 年 7 月起，中国人民银行完善社会融资规模统计方法，将"存款类金融机构资产支持证券"和"贷款核销"纳入社会融资规模统计，在"其他融资"项下单独列示。当期数据为初步统计数。2017 年 1 月以来数据进行了可比口径调整，详见中国人民银行官网社会融资规模数据表附注。

Note 3: Since December 2019, the PBC has made further efforts to improve the statistical method of AFRE. "Treasury Bonds" and "Local Government General Bonds" have been newly introduced into AFRE and have merged with "Local Government Special Bonds" into "Government Bonds" ,which is recorded at face value at depositories. Since September 2019, the PBC has improved the statistics of "Net Financing of Corporate Bonds" in AFRE, and has incorporated "Asset-backed Securities of Non-Financial Enterprises" into "Net Financing of Corporate Bonds". Since September 2018, the PBC has incorporated "Local Government Special Bonds" into AFRE. Since July 2018, the PBC has improved the statistical method of AFRE, and has incorporated "Asset-backed Securities of Depository Financial Institutions" and "Loans Written off" into AFRE, which is reflected as a sub-item of "Other Financing". Data for the current period are preliminary. Data are comparably adjusted as of January, 2017. Please refer to the notes of the AFRE release on the website of the PBC for details.

2.2 主要金融指标（消除季节因素）
Major Financial Indicators (Seasonally Adjusted)

单位：亿元
Unit:100 Million Yuan

时间 Time	M2	M1	M0	金融机构各项存款 Total Deposits by All Financial Institutions	储蓄存款 * Savings Deposits*	金融机构各项贷款 ** Total Loans by All Financial Institutions**
2013	1108443	326484	57585	1055003	451765	742747
2014	1231646	335230	60101	1149996	492945	841866
2015	1401059	387380	63096	1372276	532681	946431
2016	1557929	472141	67769	1520677	573783	1072919
2017	1688864	530623	70759	1661762	602648	1210909
2018.01	1699713	536030	66273	1681486	599186	1225160
2018.02	1714853	528504	74532	1688945	610160	1236312
2018.03	1718695	528494	71641	1691797	602890	1247066
2018.04	1726605	533156	72038	1698949	605869	1259271
2018.05	1729086	533544	72037	1703208	608118	1273143
2018.06	1738695	536614	72285	1711411	610246	1285112
2018.07	1754858	538923	72946	1727847	613122	1303308
2018.08	1762573	537450	72998	1738360	615170	1316614
2018.09	1779392	542714	72883	1760205	620534	1330351
2018.10	1806646	537054	73380	1765267	629446	1346136
2018.11	1825597	536017	72939	1777230	633886	1360952
2018.12	1836845	535700	73304	1790188	636585	1386643
2019.01	1853092	540543	73737	1589929	654146	1399499
2019.02	1862957	546024	75257	1604967	650695	1412462
2019.03	1877569	552623	74601	1611709	653032	1428367
2019.04	1888386	548590	74969	1609531	662608	1440739
2019.05	1898785	552535	75042	1609372	665047	1452979
2019.06	1911095	559310	75756	1612626	669340	1466513
2019.07	1923244	553335	76106	1605868	679141	1478618
2019.08	1937860	555435	75825	1603932	682052	1493363
2019.09	1952932	559374	75472	1605202	685198	1508754
2019.10	1959169	557558	76239	1595650	691370	1521876
2019.11	1976101	557144	76357	1592264	694686	1536995
2019.12	1995729	562439	77045	1632903	700878	1549227
2020.01	2008215	549893	82321	1664639	724506	1566702
2020.02	2019176	566261	80160	1683958	712686	1580288
2020.03	2060460	573983	80570	1714682	723521	1602482
2020.04	2092515	579961	81725	1727441	733552	1622806
2020.05	2110173	586578	82017	1747826	745188	1641800
2020.06	2124229	591335	82933	1758328	762635	1657016
2020.07	2130210	593145	82937	1748143	766269	1671420
2020.08	2144114	599013	83590	1757209	776433	1688133
2020.09	2163429	603488	84367	1775679	786847	1706946

* “居民储蓄存款”更名为“储蓄存款”。

* “Household Savings Deposits” is renamed as “Savings Deposits”.

** 各项贷款按可比口径数据计算，包含 2001—2008 年剥离出去的不良贷款数据。

** Total loans are calculated on the basis of comparable basis, which include the non-performing loans separated from financial institutions from 2001 to 2008.

2.3 1 社会融资规模增量统计表

Aggregate Financing to the Real Economy (Flow)

单位：亿元

Unit: 100 Million Yuan

时间 Time	社会融资规模增量 AFRE (Flow)	其中 of Which 人民币贷款 RMB Loans	外币贷款（折合人民币）Foreign Currency-denominated Loans (RMB equivalent)	委托贷款 Entrusted Loans	信托贷款 Trust Loans	未贴现的银行承兑汇票 Undiscounted Bankers' Acceptances	企业债券 Net Financing of Corporate Bonds	政府债券 Government Bonds	非金融企业境内股票融资 Equity Financing on the Domestic Stock Market by Non-financial Enterprises	存款类金融机构资产支持证券 Asset-backed Securities of Depository Financial Institutions	贷款核销 Loans Written off
2010.01	20550	13934	641	857	265	3449	664	—	519	—	—
2010.02	10877	6999	663	96	496	1425	688	—	366	—	—
2010.03	13830	5107	662	567	1377	4208	1324	—	365	—	—
2010.04	14919	7740	349	635	2039	2309	1192	—	432	—	—
2010.05	10805	6493	-112	623	762	1213	1356	—	253	—	—
2010.06	10196	6027	-18	421	1077	1105	872	—	468	—	—
2010.07	7202	5327	-378	706	231	900	-69	—	262	—	—
2010.08	10646	5446	166	521	-761	3381	1208	—	419	—	—
2010.09	11224	6004	918	626	-713	1679	1883	—	543	—	—
2010.10	8608	5877	346	1027	-297	306	629	—	483	—	—
2010.11	10554	5689	526	1121	-324	1796	719	—	722	—	—
2010.12	10780	4807	1090	1549	-288	1576	594	—	954	—	—
2011.01	17560	10263	862	1272	-98	3157	1012	—	731	—	—
2011.02	6468	5377	347	419	141	-1176	877	—	270	—	—
2011.03	18212	6794	572	1513	47	5631	2682	—	557	—	—
2011.04	13673	7430	492	1407	501	2332	761	—	448	—	—
2011.05	10854	5516	842	1216	180	1695	721	—	351	—	—
2011.06	10873	6339	245	1202	141	1630	536	—	320	—	—
2011.07	5393	4916	9	1232	-28	-1726	422	—	252	—	—
2011.08	10741	5484	376	1409	176	1652	898	—	350	—	—
2011.09	4279	4693	1025	1008	-223	-3361	520	—	236	—	—
2011.10	7908	5868	415	518	90	-1186	1639	—	244	—	—
2011.11	9581	5629	49	595	716	-227	2077	—	268	—	—
2011.12	12744	6406	478	1173	389	1851	1514	—	350	—	—
2012.01	9754	7381	-148	1646	247	-214	442	—	81	—	—
2012.02	10431	7107	526	394	522	-284	1544	—	229	—	—
2012.03	18703	10114	950	770	1018	2821	1974	—	565	—	—
2012.04	9637	6818	96	1015	37	279	887	—	190	—	—
2012.05	11432	7932	302	215	557	380	1441	—	184	—	—
2012.06	17802	9198	1040	789	988	3113	1982	—	246	—	—
2012.07	10522	5401	70	1279	384	218	2486	—	316	—	—
2012.08	12475	7039	743	1046	1238	-846	2579	—	208	—	—
2012.09	16462	6226	1764	1449	2012	2155	2278	—	158	—	—
2012.10	12906	5054	1290	941	1444	729	2992	—	88	—	—
2012.11	11225	5220	1045	1218	1802	-489	1820	—	107	—	—
2012.12	16282	4546	1486	2079	2598	2637	2126	—	135	—	—
2013.01	25446	10721	1795	2061	2108	5798	2249	—	244	—	—
2013.02	10705	6200	1149	1426	1825	-1823	1454	—	165	—	—
2013.03	25503	10625	1509	1748	4312	2731	3870	—	208	—	—
2013.04	17629	7923	847	1926	1942	2218	2039	—	274	—	—
2013.05	11871	6694	357	1967	971	-1141	2230	—	231	—	—
2013.06	10375	8628	133	1990	1208	-2615	323	—	126	—	—
2013.07	8191	6997	-1157	1927	1151	-1777	476	—	128	—	—
2013.08	15841	7128	-360	2938	1209	3049	1240	—	136	—	—
2013.09	14120	7870	891	2218	1130	-79	1443	—	113	—	—
2013.10	8645	5060	53	1834	431	-345	1078	—	78	—	—
2013.11	12310	6246	122	2704	1006	60	1424	—	147	—	—
2013.12	12532	4824	509	2727	1111	1679	287	—	369	—	—

2.3 1 社会融资规模增量统计表

Aggregate Financing to the Real Economy (Flow)

单位：亿元

Unit: 100 Million Yuan

时间 Time	社会融资规模增量 AFRE (Flow)	其中 of Which 人民币贷款 RMB Loans	外币贷款（折合人民币） Foreign Currency-denominated Loans (RMB equivalent)	委托贷款 Entrusted Loans	信托贷款 Trust Loans	未贴现的银行承兑汇票 Undiscounted Bankers' Acceptances	企业债券 Net Financing of Corporate Bonds	政府债券 Government Bonds	非金融企业境内股票融资 Equity Financing on the Domestic Stock Market by Non-financial Enterprises	存款类金融机构资产支持证券 Asset-backed Securities of Depository Financial Institutions	贷款核销 Loans Written off
2014.01	25902	13176	1500	3971	1059	4902	375	—	454	—	—
2014.02	8924	6434	1128	540	747	-1419	1026	—	169	—	—
2014.03	20194	10202	1201	2130	1071	2252	2464	—	352	—	—
2014.04	14992	7734	69	1365	398	789	3664	—	582	—	—
2014.05	13583	8791	-342	1655	125	-94	2797	—	162	—	—
2014.06	18957	10780	131	2139	1200	1445	2626	—	154	—	—
2014.07	1861	3754	-511	783	-158	-4157	1435	—	332	—	—
2014.08	9547	7003	-109	1651	-515	-1116	1934	—	217	—	—
2014.09	10883	8573	-684	1314	-326	-1410	2338	—	612	—	—
2014.10	6537	5521	-689	1043	-215	-2411	2590	—	279	—	—
2014.11	11270	8543	-281	1319	-314	-668	1807	—	379	—	—
2014.12	15674	6940	-179	3831	2102	688	836	—	658	—	—
2015.01	20516	14708	212	832	52	1946	1868	—	526	—	—
2015.02	13609	11437	-146	1299	38	-592	716	—	542	—	—
2015.03	12433	9920	-4	1111	-77	-910	1344	—	639	—	—
2015.04	10582	8045	-265	344	-46	-74	1616	—	597	—	—
2015.05	12397	8510	81	324	-195	961	1710	—	584	—	—
2015.06	18384	13240	560	1414	536	-1028	2132	—	1051	—	—
2015.07	7511	5890	-133	1137	99	-3317	2832	—	615	—	—
2015.08	11097	7756	-620	1198	317	-1577	3121	—	479	—	—
2015.09	13571	10417	-2344	2422	-159	-1279	3805	—	349	—	—
2015.10	5593	5574	-1317	1390	-201	-3697	3331	—	121	—	—
2015.11	10255	8873	-1142	910	-301	-2545	3378	—	568	—	—
2015.12	18114	8323	-1308	3530	370	1546	3535	—	1518	—	—
2016.01	34758	25370	-1727	2175	552	1327	5083	—	1469	—	—
2016.02	8312	8105	-569	1650	308	-3705	1386	—	810	—	—
2016.03	23931	13176	6	1660	732	173	7081	—	562	—	—
2016.04	7809	5642	-706	1694	269	-2776	2366	—	951	—	—
2016.05	6720	9374	-524	1566	121	-5067	-300	—	1073	—	—
2016.06	16464	13141	-267	1721	809	-2720	1993	—	1158	—	—
2016.07	4791	4550	-401	1775	210	-5118	2208	—	1135	—	—
2016.08	14605	7969	70	1432	736	-376	3236	—	1075	—	—
2016.09	17085	12628	-487	1451	1057	-2230	2842	—	1368	—	—
2016.10	8825	6010	-335	725	530	-1801	2152	—	1125	—	—
2016.11	18303	8463	-310	1994	1625	1171	3834	—	861	—	—
2016.12	16397	9943	-389	4011	1643	1606	-2016	—	828	—	—
2017.01	37720	23133	126	3142	3128	6130	-510	665	1225	-129	253
2017.02	11055	10317	368	1181	1026	-1719	-899	-191	570	-10	149
2017.03	25472	11586	288	2043	3020	2390	264	3230	800	164	846
2017.04	19559	10806	-283	-48	1381	345	628	5939	769	-505	210
2017.05	17812	11780	-99	-274	1791	-1245	-2365	6505	458	294	277
2017.06	25886	14474	73	-26	2485	-230	-5	6571	487	113	1309
2017.07	21188	9152	-213	187	1245	-2037	2642	9472	536	-505	205
2017.08	20486	11466	-332	-70	1218	242	1525	4420	653	446	250
2017.09	25439	11885	-232	783	2362	784	1669	5486	519	324	1276
2017.10	15861	6635	-44	108	1013	12	1628	4968	601	61	271
2017.11	22956	11428	198	306	1400	15	979	5979	1324	248	481
2017.12	18103	5769	169	661	2163	676	688	2759	817	1476	2059

2.3 1 社会融资规模增量统计表
Aggregate Financing to the Real Economy (Flow)

单位：亿元
Unit: 100 Million Yuan

时间 Time	社会融资规模增量 AFRE (Flow)	其中 of Which 人民币贷款 RMB Loans	外币贷款（折合人民币）Foreign Currency-denominated Loans (RMB equivalent)	委托贷款 Entrusted Loans	信托贷款 Trust Loans	未贴现的银行承兑汇票 Undiscounted Bankers' Acceptances	企业债券 Net Financing of Corporate Bonds	政府债券 Government Bonds	非金融企业境内股票融资 Equity Financing on the Domestic Stock Market by Non-financial Enterprises	存款类金融机构资产支持证券 Asset-backed Securities of Depository Financial Institutions	贷款核销 Loans Written off
2018.01	31417	26850	266	-709	397	1437	1894	5	500	-137	320
2018.02	12064	10199	86	-750	674	106	734	175	379	-146	261
2018.03	17091	11425	139	-1850	-343	-323	3611	1816	404	387	1234
2018.04	22243	10987	-26	-1481	-101	1454	4042	5303	533	821	259
2018.05	11234	11396	-228	-1570	-936	-1741	-351	2728	438	377	479
2018.06	20373	16787	-364	-1642	-1576	-3649	1308	6509	258	272	1737
2018.07	18382	12861	-773	-950	-1205	-2744	2189	7998	175	123	176
2018.08	24078	13140	-344	-1207	-685	-779	3541	8651	141	501	377
2018.09	23061	14341	-670	-1432	-890	-548	15	9108	272	895	1615
2018.10	9538	7141	-800	-949	-1366	-453	1523	3032	176	188	446
2018.11	16127	12302	-787	-1310	-455	-127	3918	-247	200	1157	729
2018.12	19311	9281	-702	-2210	-488	1023	3895	3452	130	1503	2522
2019.01	46791	35668	343	-699	345	3787	4829	1700	289	-466	249
2019.02	9665	7641	-105	-508	-37	-3103	875	4347	119	-14	201
2019.03	29602	19584	3	-1070	528	1365	3546	3412	122	261	1227
2019.04	16710	8733	-330	-1197	129	-357	3949	4433	262	243	316
2019.05	17124	11855	191	-631	-52	-768	1033	3857	259	383	392
2019.06	26243	16737	-4	-827	15	-1311	1439	6867	153	607	1806
2019.07	12872	8086	-221	-987	-676	-4562	2944	6427	593	286	244
2019.08	21956	13045	-247	-513	-658	157	3384	5059	256	269	351
2019.09	25142	17612	-440	-22	-672	-431	2431	3777	289	284	1692
2019.10	8680	5470	-10	-667	-624	-1053	2032	1871	180	623	416
2019.11	19937	13633	-249	-959	-673	570	3330	1716	524	693	639
2019.12	22013	10770	-205	-1316	-1092	951	3593	3738	432	865	3018
2020.01	50513	34924	513	-26	432	1403	3945	7613	609	478	166
2020.02	8737	7202	252	-356	-540	-3961	3894	1824	449	-549	263
2020.03	51843	30390	1145	-588	-21	2818	9936	6344	198	-161	1117
2020.04	31042	16239	910	-579	23	577	9252	3357	315	-202	460
2020.05	31866	15502	457	-273	-337	836	2879	11362	353	-88	413
2020.06	34637	19029	204	-484	-852	2190	3642	7450	538	-15	2044
2020.07	16918	10221	-524	-152	-1367	-1130	2348	5459	1215	-742	748
2020.08	35873	14201	397	-415	-316	1441	3659	13788	1302	308	643
2020.09	34772	19171	-302	-317	-1159	1503	1412	10116	1121	440	1790

注 1：社会融资规模增量是指一定时期内实体经济从金融体系获得的资金额。
Note 1: AFRE(Flow) refers to the total volume of financing provided by the financial system to the real economy during a certain period of time.
注 2：社会融资规模中的本外币贷款是指一定时期内实体经济从金融体系获得的人民币和外币贷款，不包含银行业金融机构拆放给非银行业金融机构的款项和境外贷款。
Note 2: RBM loans and foreign currency loans in AFRE refer to those issued to the real economy by the financial system during a certain period of time,barring the funds lend to non-bank financial institutions by the banking financial institutions and external loans.
注 3：数据来源于中国人民银行、中国银行保险监督管理委员会、中国证券监督管理委员会、中央国债登记结算有限责任公司和中国银行间市场交易商协会等。
Note 3: Source of data: the PBC, CBIRC, CSRC, CCDC and NAFMII.
注 4：自 2019 年 12 月起，中国人民银行进一步完善社会融资规模统计，将"国债"和"地方政府一般债券"纳入社会融资规模统计，与原有"地方政府专项债券"合并为"政府债券"指标。指标数值为托管机构的托管面值。自 2019 年 9 月起，中国人民银行完善"社会融资规模"中的"企业债券"统计，将"交易所企业资产支持证券"纳入"企业债券"指标。自 2018 年 9 月起，中国人民银行将"地方政府专项债券"纳入社会融资规模统计。自 2018 年 7 月起，中国人民银行完善社会融资规模统计方法，将"存款类金融机构资产支持证券"和"贷款核销"纳入社会融资规模统计，在"其他融资"项下单独列示。
Note 4: Since December 2019,the PBC has made further efforts to improve the statistical method of AFRE. "Treasury Bonds" and "Local Government General Bonds" have been newly introduced into AFRE and have merged with "Local Government Special Bonds" into "Government Bonds", which is recorded at face value at depositories. Since September 2019, the PBC has improved the statistics of "Net Financing of Corporate Bonds" in AFRE, and has incorporated "Asset-backed Securities of Non-Financial Enterprises" into "Net Financing of Corporate Bonds". Since September 2018, the PBC has incorporated "Local Government Special Bonds" into AFRE. Since July 2018, the PBC has improved the statistical method of AFRE, and has incorporated "Asset-backed Securities of Depository Financial Institutions" and "Loans Written off" into AFRE, which is reflected as a sub-item of "Other Financing".
注 5：当期数据为初步统计数。2017 年 1 月以来数据进行了可比口径调整，详见中国人民银行官网最新社会融资规模数据表附注。
Note 5: Data for the current period are preliminary. Data are comparably adjusted as of January, 2017. Please refer to the notes of the latest AFRE release on the website of the PBC for details.

2.3 2 2020年前三季度地区社会融资规模增量统计表

Aggregate Financing to the Real Economy (flow) by Province (The First Three Quarters of 2020)

单位：亿元
Unit:100 Million Yuan

地区 Province		地区社会融资规模增量 Aggregate financing to the real Economy(flow) by province	其中 of Which							
			人民币贷款 RMB Loans	外币贷款（折合人民币） Foreign Currency-denominated Loans (RMB equivalent)	委托贷款 Entrusted Loans	信托贷款 Trust Loans	未贴现银行承兑汇票 Undiscounted Bankers' Acceptances	企业债券 Net Financing of Corporate Bonds	政府债券 Government Bonds	非金融企业境内股票融资 Equity Financing on the Domestic Stock Market by Non-financial Enterprises
北京	Beijing	12598	6165	20	-982	-632	-945	6159	1774	1108
天津	Tianjin	4206	2408	-3	-181	-95	-553	1040	1256	126
河北	Hebei	8766	5814	58	155	-328	341	283	1893	19
山西	Shanxi	4106	2379	-73	-14	-15	161	709	774	19
内蒙古	Inner Mongolia	2043	829	-2	6	-24	92	-86	974	24
辽宁	Liaoning	788	2176	-75	-365	-116	-2155	219	397	53
吉林	Jilin	3255	1716	-9	293	-38	144	150	818	12
黑龙江	Heilongjiang	2303	1182	-2	-59	83	94	-84	928	19
上海	Shanghai	10204	5178	463	-279	-1253	832	2341	1394	1096
江苏	Jiangsu	29592	18206	341	-169	436	1857	5192	2052	650
浙江	Zhejiang	27382	18395	303	-47	-591	1938	3772	2301	501
安徽	Anhui	9075	6680	93	-309	-114	-102	508	1837	133
福建	Fujian	9616	5566	163	-103	-577	599	1548	1598	303
江西	Jiangxi	8030	5140	50	-66	-286	-9	1011	1812	97
山东	Shandong	18343	10316	361	-16	-520	363	3116	3351	133
河南	Henan	10544	6245	83	-30	448	163	957	1920	67
湖北	Hubei	8527	6289	-49	-74	-903	-182	1161	1736	212
湖南	Hunan	9629	6149	33	-87	-161	275	1379	1519	145
广东	Guangdong	34492	22437	724	-313	-597	1814	4760	3508	958
广西	Guangxi	6470	3946	21	14	0	400	708	1127	28
海南	Hainan	1024	635	-107	-1	0	-98	51	433	17
重庆	Chongqing	7074	3769	377	4	-80	153	1080	1242	45
四川	Sichuan	12530	6966	246	-3	-69	411	1901	2297	141
贵州	Guizhou	5729	3213	8	-97	667	-172	659	1221	4
云南	Yunnan	5604	2873	3	-270	356	18	575	1611	79
西藏	Tibet	539	271	0	30	-116	70	144	112	12
陕西	Shaanxi	5827	4158	77	-194	-440	250	1051	680	74
甘肃	Gansu	3876	1450	10	-8	1058	110	209	807	16
青海	Qinghai	449	44	2	-4	-124	47	8	365	0
宁夏	Ningxia	670	486	1	3	0	-91	48	147	0
新疆	Xinjiang	3845	1966	0	135	-123	170	281	1225	9

注1：地区社会融资规模增量是指一定时期内、一定区域内实体经济从金融体系获得的资金总额。

Note 1: Aggregate Financing to the Real Economy(AFRE, flow) by province refers to the total volume of financing provided by the financial system to the real economy during a certain period of time in each province.

注2：表中数据为初步统计数。

Note 2: The statistics are preliminary.

注3：数据来源于中国人民银行、中国银行保险监督管理委员会、中国证券监督管理委员会、中央国债登记结算有限责任公司和中国银行间市场交易商协会等。

Note 3: Source of data: the PBC, CBIRC, CSRC, CCDC and NAFMII.

注4：由金融机构总行（或总部）提供的社会融资规模为2.89万亿元。

Note 4: AFRE provided by headquarters of financial institutions is 2.89 trillion Yuan.

注5：自2019年12月起，中国人民银行进一步完善社会融资规模统计，将"国债"和"地方政府一般债券"纳入社会融资规模统计，与原有"地方政府专项债券"合并为"政府债券"指标，指标数值为托管机构的托管面值。自2019年9月起，中国人民银行进一步完善"社会融资规模"中的"企业债券"统计，将"交易所企业资产支持证券"纳入"企业债券"指标。自2018年9月起，中国人民银行将"地方政府专项债券"纳入社会融资规模统计，地方政府专项债券按照债权债务在托管机构登记日统计。自2018年7月起，中国人民银行完善社会融资规模统计方法，将"存款类金融机构资产支持证券"和"贷款核销"纳入社会融资规模统计，在"其他融资"项下单独列示。

Note 5: Since December 2019,the PBC has made further efforts to improve the statistical method of AFRE. "Treasury Bonds" and "Local Government General Bonds" have been newly introduced into AFRE and has merged with "Local Government Special Bonds" into "Government Bonds", which is recorded at face value at depositories. Since September 2019, the PBC has improved the statistics of Net Financing of Corporate Bonds in AFRE, and has incorporated "Asset-backed Securities of Non-Financial Enterprises" into "Net Financing of Corporate Bonds". Since September 2018, the PBC has incorporated "Local government special bonds" into AFRE, which is recorded when claims and obligations are registered at depositories. Since July 2018, the PBC has improved the statistical method of AFRE, and has incorporated "Asset-backed Securities of Depository Financial Institutions" and "Loans Written off" into AFRE, which is reflected as a sub-item of "Other Financing".

2.4 社会融资规模存量统计表
Aggregate Financing to the Real Economy (Stock)

单位：亿元，%
Unit:100 Million Yuan，%

时间 Time	社会融资规模存量 AFRE (Stock)	社会融资规模存量同比增速 (Stock, Growth Rate)	其中 of Which									
			人民币贷款 RMB Loans	外币贷款（折合人民币）Foreign Currency-denominated Loans (RMB equivalent)	委托贷款 Entrusted Loans	信托贷款 Trust Loans	未贴现的银行承兑汇票 Undiscounted Bankers' Acceptances	企业债券 Net Financing of Corporate Bonds	政府债券 Government Bonds	非金融企业境内股票融资 Equity Financing on the Domestic Stock Market by Non-financial Enterprises	存款类金融机构资产支持证券 Asset-backed Securities of Depository Financial Institutions	贷款核销 Loans Written off
2006	264500	18.1	16.3	9.0	20.0	—	44.9	68.7	—	12.5	—	—
2007	321326	21.5	16.4	21.9	29.9	84.0	138.4	41.0	—	45.8	—	—
2008	379765	20.5	18.7	5.1	29.1	84.3	9.2	78.7	—	17.7	—	—
2009	511835	34.8	31.3	55.5	35.8	63.4	36.5	86.2	—	18.3	—	
2010	649869	27.0	19.9	15.9	44.2	34.4	135.5	42.3	—	30.9	—	—
2011	767791	18.3	16.1	13.1	21.2	13.5	25.6	36.2	—	17.7	—	—
2012	914675	19.1	15.0	27.2	17.1	75.0	21.0	44.4	—	8.6	—	—
2013	1075217	17.6	14.2	7.2	39.7	61.1	12.7	24.2	—	6.7	—	—
2014	1229386	14.3	13.6	4.1	29.2	10.8	-1.1	25.8	—	11.8	—	—
2015	1382824	12.5	13.9	-13.0	18.0	2.0	-14.8	25.1	—	20.2	—	—
2016	1559884	12.8	13.4	-12.9	19.8	15.8	-33.3	22.4	—	27.6	—	—
2017	2059098	14.1	13.2	-5.8	5.9	35.9	13.7	3.9	24.7	15.2	40.5	61.4
2018	2270356	10.3	13.2	-10.7	-11.5	-8.0	-14.3	9.8	17.2	5.4	86.7	50.9
2019	2514071	10.7	12.5	-4.6	-7.6	-4.4	-12.5	13.8	14.3	5.0	31.5	35.1
2020.01	2563442	10.7	12.2	-2.2	-7.0	-4.3	-17.0	13.1	16.0	5.4	40.4	34.5
2020.02	2571705	10.7	12.1	1.3	-6.9	-5.0	-20.6	14.5	15.1	5.9	36.1	34.5
2020.03	2622653	11.5	12.7	7.0	-6.6	-5.6	-16.3	17.5	15.8	6.0	32.0	32.8
2020.04	2652172	12.0	13.1	12.6	-6.1	-5.8	-14.1	19.4	15.2	6.0	27.9	32.9
2020.05	2683817	12.5	13.3	12.0	-5.8	-6.1	-10.3	20.4	17.2	6.1	23.5	32.6
2020.06	2717839	12.8	13.3	12.6	-5.6	-7.2	-1.3	21.4	17.1	6.6	18.0	31.6
2020.07	2733316	12.9	13.3	9.6	-4.9	-8.2	8.9	21.1	16.5	7.5	10.3	32.8
2020.08	2767305	13.3	13.3	7.5	-4.9	-7.8	12.7	21.0	18.7	8.9	10.4	33.3
2020.09	2800748	13.5	13.2	7.7	-5.1	-8.5	18.7	20.6	20.2	10.0	11.3	32.0

注 1：社会融资规模存量是指一定时期末实体经济从金融体系获得的资金余额。
Note 1: AFRE (Stock) refers to the outstanding of financing provided by the financial system to the real economy at the end of a period.
注 2：存量数据基于账面值或面值计算。
Note 2: Stock figures are based on book-value or face-value.
注 3：数据来源于中国人民银行、中国银行保险监督管理委员会、中国证券监督管理委员会、中央国债登记结算有限责任公司和中国银行间市场交易商协会等。
Note 3: Source of data: the PBC, CBIRC,CSRC,CCDC and NAFMII.
注 4：自 2019 年 12 月起，中国人民银行进一步完善社会融资规模统计，将"国债"和"地方政府一般债券"纳入社会融资规模统计，与原有"地方政府专项债券"合并为"政府债券"指标。指标数值为托管机构的托管面值。自 2019 年 9 月起，中国人民银行完善"社会融资规模"中的"企业债券"统计，将"交易所企业资产支持证券"纳入"企业债券"指标。自 2018 年 9 月起，中国人民银行将"地方政府专项债券"纳入社会融资规模统计。自 2018 年 7 月起，中国人民银行完善社会融资规模统计方法，将"存款类金融机构资产支持证券"和"贷款核销"纳入社会融资规模统计，在"其他融资"项下单独列示。
Note 4: Since December 2019, the PBC has made further efforts to improve the statistical method of AFRE. "Treasury Bonds" and "Local Government General Bonds" have been newly introduced into AFRE and have merged with "Local Government Special Bonds" into "Government Bonds", which is recorded at face value at depositories. Since September 2019, the PBC has improved the statistics of "Net Financing of Corporate Bonds" in AFRE, and has incorporated "Asset-backed Securities of Non-Financial Enterprises" into "Net Financing of Corporate Bonds". Since September 2018, the PBC has incorporated "Local Government Special Bonds" into AFRE. Since July 2018, the PBC has improved the statistical method of AFRE, and has incorporated "Asset-backed Securities of Depository Financial Institutions" and "Loans Written off" into AFRE, which is reflected as a sub-item of "Other Financing".
注 5：当期数据为初步统计数。2017 年 1 月以来数据进行了可比口径调整，详见中国人民银行官网最新社会融资规模数据表附注。
Note 5: Data for the current period are preliminary. Data are comparably adjusted as of January 2017. Please refer to the notes of the latest AFRE release on the website of the PBC for details.

2.5 1 金融机构信贷收支表（人民币）
Sources and Uses of Credit Funds of Financial Institutions (RMB)

单位：亿元
Unit:100 Million Yuan

时间 Time	资金来源总计 Total Funds Sources	各项存款 Total Deposits							金融债券 Financial Bonds	流通中现金 Currency in Circulation	对国际金融机构负债 Liabilities to International Financial Institutions	其他 Other Items
			非金融企业存款 Deposits of Non-financial Enterprises	财政存款 Fiscal Deposits	住户存款 Deposits of Households			其他类存款** Other Deposits**				
						活期及临时性存款 Demand & Temporary Deposits	定期及其他存款* Time & Other Deposits*					
2008	538405.6	466203.3	157632.2	18040.0	217885.4	78585.2	139300.2	72645.7	20852.5	34219.0	732.6	16398.2
2009	681874.8	597741.1	217110.0	22411.5	260771.7	100541.3	160230.4	97447.8	16203.4	38246.0	761.7	28922.6
2010	805879.1	718237.9	244495.6	25455.0	303302.5	124888.6	178413.9	144984.8	13526.9	44628.2	720.1	28766.0
2011.03	828977.4	752838.4	281727.1	29981.6	327629.2	130028.6	197600.5	113500.5	6042.6	44845.2	774.2	24477.0
2011.06	851311.8	786432.6	294263.3	36271.4	333678.6	132640.3	201038.2	122219.3	7597.4	44477.8	795.1	12008.9
2011.09	878645.1	794100.4	290918.5	38160.1	337212.3	130681.8	206530.5	127809.5	7393.6	47145.3	797.3	29208.5
2011.12	900401.6	809368.3	303504.3	26223.1	348045.6	137576.2	210469.4	131595.4	10638.8	50748.5	776.5	29469.5
2012.03	931667.6	846931.7	299252.9	26886.6	380498.1	145083.5	235414.6	140294.1	9016.7	49595.7	765.5	25358.0
2012.06	958431.0	883068.7	311166.7	31522.0	391186.0	148865.3	242320.7	149194.0	7220.7	49284.6	780.4	18076.6
2012.09	983508.1	899647.1	313959.7	32503.8	398069.7	150832.9	247236.8	155113.9	7695.3	53433.5	793.6	21938.6
2012.12	1002434.4	917554.8	327393.7	24426.4	406191.6	158271.8	247919.8	159543.1	8487.6	54659.8	827.7	20904.5
2013.03	1046828	979301	342606	25316	443408	173557	269851	167971	5508	55461	794	5764
2013.06	1076338	1009122	349741	33953	447772	169140	278632	177656	4375	54064	806	7971
2013.09	1105735	1030892	350387	38965	456348	171759	284589	185192	5728	56493	846	11772
2013.12	1132914	1043847	361555	30133	461370	178050	283320	190789	6681	58574	854	22958
2014.03	1221581	1091022	531168	31063	494023	189049	304974	204142	9349	58329	880	12465
2014.06	1204845	1136075	383718	36674	501628	187221	314407	214055	10049	56951	894	876
2014.09	1229317	1126570	369510	41305	497860	179302	318558	217895	10570	58845	880	32452
2014.12	1258000	1138645	378334	35665	502504	182705	319799	222142	9843	60260	867	48385

注 1：对金融机构信贷收支表的说明详见第 96 页。

Note 1: Notes to the sheet of the Sources and Uses of Credit Funds of Financial Institutions can be read on page 96.

注 2：自 2011 年一季度起，部分指标名称和统计口径变动。以前年度数据未作调整。（1）"企业定活期存款"更名为"非金融企业存款"。（2）"储蓄存款"更名为"住户存款"。（3）"活期储蓄"更名为"活期及临时性存款"。（4）"定期储蓄"更名为"定期及其他存款"。

Note 2: As of 2011 Q1, changes have taken place in the name and statistical coverage for certain indicators. Historical data for previous periods are not adjusted accordingly. (1) "Demand & Time Deposits of Enterprises" is renamed as "Deposits of Non-financial Enterprises". (2) "Savings Deposits" is renamed as "Deposits of Households". (3) "Demand Deposits" under the category of saving deposits is renamed as "Demand & Temporary Deposits". (4) "Time Deposits" under the category of savings deposits is renamed as "Time & Other Deposits".

* 定期及其他存款包括定期存款、通知存款、定活两便存款、协议存款、协定存款、保证金存款、结构性存款。

* Time & other deposits cover the components of time deposits, notice deposits, savings & time optional deposits, agreed-term deposits, corporate agreement savings deposits, margin deposits and structure deposits.

** 其他类存款包括各项存款中除非金融企业存款、财政存款、住户存款之外的所有存款。

** Other deposits cover all the other deposits under total deposits excluding deposits of non-financial enterprises, fiscal deposits and deposits of households.

2.5 2 金融机构信贷收支表（人民币）
Sources and Uses of Credit Funds of Financial Institutions (RMB)

单位：亿元
Unit:100 Million Yuan

时间 Time	资金运用总计 Total Funds Uses	各项贷款 Total Loans	境内短期贷款 Domestic Short-term Loans	境内中长期贷款 Domestic Medium- and Long-term Loans	其他类贷款 * Other Loans*	有价证券及投资 Portfolio Investment	黄金占款 ** Position for Gold Purchase**	外汇占款 ** Position for Foreign Exchange Purchase**	财政借款 Fiscal Debts	国际金融机构资产 Assets with International Financial Institutions
2008	538405.6	303394.6	125181.7	154999.8	23213.2	65301.9	337.2	168431.1		940.7
2009	681874.8	399684.8	146611.3	222418.8	30654.7	86643.2	669.8	193112.5		1764.5
2010	805879.1	479195.6	166233.4	288930.4	24031.8	98526.1	669.8	225795.1		1692.5
2011.03	828977.4	494740.7	174954.9	302720.9	17064.9	94682.7	669.8	237036.0		1848.2
2011.06	851311.8	514025.4	184264.6	311026.9	18733.9	88091.4	669.8	246680.6		1844.6
2011.09	878645.1	529118.3	191783.3	316972.4	20362.6	91968.6	669.8	255118.2		1770.2
2011.12	900401.6	547946.7	203132.6	323806.5	21007.6	96479.4	669.8	253587.0		1718.7
2012.03	931667.6	572474.8	215703.9	332492.4	24278.5	100323.2	669.8	256493.9		1705.9
2012.06	958431.0	596422.6	226373.8	339859.8	30189.0	103046.9	669.8	256613.4		1678.4
2012.09	983508.1	615089.5	235942.5	347726.9	31420.1	108368.1	669.8	257707.6		1673.1
2012.12	1002434.4	629909.6	248272.8	352907.4	28729.4	111680.9	669.8	258533.5		1640.6
2013.03	1046828	657592	259872	367239	30481	116271	670	270687		1608
2013.06	1076338	680837	269169	378833	32835	119373	670	273887		1571
2013.09	1105753	702832	280495	391820	30517	125480	670	275179		1592
2013.12	1132914	718961	290238	398862	29861	125399	670	286304		1580
2014.03	1172045	749090	302593	416371	30126	126834	670	293852		1599
2014.06	1204845	776337	310624	431646	34067	131723	670	294513		1602
2014.09	1229317	795786	311674	444289	39823	136712	670	294592		1557
2014.12	1258000	816770	314796	459482	42492	144954	670	294090		1516

* 其他类贷款包括各项贷款中除境内短期贷款和境内中长期贷款之外的所有贷款。

* Other loans include all the loans except domestic short-term loans, domestic medium- and long-term loans.

** 中国人民银行 2001 年 12 月、2002 年 12 月对“金银占款”进行了两次调整，自 2002 年一季度起对“外汇占款”进行了调整。自 2009 年 6 月起，本表“金银占款”更名为“黄金占款”。

** Adjustments were made on “Position for Gold and Silver Purchase” by the PBC in December 2001 and December 2002. Adjustments have also been made on “Position for Foreign Exchange Purchased” since 2002 Q1. “Position for Gold and Silver Purchase” has been renamed as “Position for Gold Purchase” since June 2009.

2.5 3 金融机构信贷收支表（人民币）
Sources and Uses of Credit Funds of Financial Institutions (RMB)

单位：亿元
Unit:100 Million Yuan

时间 Time	资金来源合计 Total Funds Sources	各项存款 Total Deposits	境内存款 Domestic Deposits	住户存款 Deposits of Households	活期存款 Demand Deposits	定期及其他存款 Time & Other Deposits	非金融企业存款 Deposits of Non-financial Enterprises	活期存款 Demand Deposits	定期及其他存款 Time & Other Deposits	政府存款 Deposits of Government	非银行业金融机构 Deposits of Non-banking Financial Institutions	境外存款 Overseas Deposits	金融债券 Financial Bonds	流通中货币 Currency in Circulation	其他 Other Items
2014.03	1277171	1134571	1118049	494023	189049	304974	361793	134251	227542	200459	61774	16522	9349	58329	74922
2014.06	1328807	1191306	1174482	501628	187221	314407	383717	141436	242281	214796	74341	16824	10049	56951	70501
2014.09	1346639	1187288	1169198	497860	179302	318558	369509	129490	240019	224609	77220	18090	10570	58845	89936
2014.12	1378334	1206922	1188257	502504	182705	319799	378333	143310	235023	221794	85626	18665	9843	60260	101309
2015.03	1434519	1248866	1232919	538399	189934	348465	373435	132701	240734	224339	96746	15947	11612	61950	112091
2015.06	1499209	1318292	1301334	532829	187645	345184	398245	144245	254000	241883	128377	16958	8836	58604	113477
2015.09	1534889	1337338	1323229	541749	194150	347599	404797	147153	257643	250356	126327	14109	9768	61023	126760
2015.12	1586049	1357022	1345783	546078	202869	343209	430247	174586	255661	241832	127625	11239	10062	63217	155749
2016.03	1604474	1411183	1400021	580800	217001	363799	445248	175269	269980	249960	124012	11162	17762	64651	110878
2016.06	1673236	1462397	1450753	581521	216945	364576	465346	191138	274208	271954	131932	11644	25335	62819	122685
2016.09	1722228	1485214	1474865	592909	225331	367578	480303	192839	287464	277665	123988	10350	28660	65069	143285
2016.12	1759952	1505864	1497169	597751	231630	366121	502178	215107	287072	270379	126860	8695	31579	68304	154206
2017.03	1810979	1556487	1547169	637409	241907	395502	503768	212132	291636	277556	128436	9318	38147	68605	147741
2017.06	1852410	1596636	1585978	637138	242055	395083	515971	222012	293960	295245	137624	10657	40007	66978	148790
2017.09	1898731	1622758	1612133	642591	246818	395772	521823	219597	302226	308039	139681	10624	43235	69749	162990
2017.12	1931934	1641044	1630577	643768	248239	395529	542405	237888	304517	304853	139552	10467	48000	70646	172245
2018.03	1982829	1691816	1681636	686804	258521	428283	529321	219818	309503	310348	155163	10180	53003	72693	165317
2018.06	2024395	1731176	1720273	686695	255578	431117	544362	230035	314327	326867	162348	10903	55887	69589	167743
2018.09	2075626	1761267	1749826	700518	258601	441917	547417	220860	326557	342685	159206	11441	60255	71254	182850
2018.12	2109164	1775226	1764398	716038	267215	448824	562976	236190	326786	325585	159798	10828	65433	73208	195297
2019.03	2188083	1838227	1826924	776654	275339	501315	565751	226505	339246	334297	150222	11303	68790	74942	206124
2019.06	2232785	1875680	1864210	784172	277699	506473	580837	236266	344571	350642	148559	11470	72815	72581	211709
2019.09	2278779	1907341	1895803	801298	286136	515162	577652	226300	351353	355732	161121	11538	76972	74130	220336
2019.12	2317003	1928785	1917482	813017	294712	518305	595365	242504	352861	337671	171429	11304	82924	77189	228104
2020.03	2414753	2009933	1996413	877723	307747	569976	613040	235863	377178	336899	168750	13520	86990	83022	234809
2020.06	2483853	2074780	2062018	896318	310920	585398	647213	245030	402183	353470	165017	12763	90553	79459	239061
2020.09	2537816	2110774	2098143	912537	316730	595807	649315	238178	411138	359062	177228	12632	99393	82371	245278

注 1：本表机构包括中国人民银行、银行业存款类金融机构、银行业非存款类金融机构。

Note 1: Financial institutions in this table include the PBC, banking depository financial institutions and banking non-depository financial institutions.

注 2：银行业存款类金融机构包括银行、信用社和财务公司。银行业非存款类金融机构包括信托投资公司、金融租赁公司、汽车金融公司和贷款公司等。

Note 2: Banking depository financial institutions include banks, credit cooperatives and finance companies. Banking non-depository financial institutions include financial trust and investment corporations, financial leasing companies, auto-financing companies, as well as loan companies.

注 3：自 2015 年起，各项存款含非银行业金融机构存放款项，各项贷款含拆放给非银行业金融机构款项。

Note 3: Since 2015, deposits of non-banking financial institutions have been covered in total deposits and loans to non-banking financial institutions are covered in total loans.

注 4：本表 2014 年数据，按 2015 年统计口径调整。

Note 4: Historical data for 2014 are adjusted, according to the changes of the statistical coverage as of 2015.

2.5 4 金融机构信贷收支表（人民币）
Sources and Uses of Credit Funds of Financial Institutions (RMB)

单位：亿元
Unit:100 Million Yuan

时间 Time	资金运用总计 Total Funds Uses	各项贷款 Total Loans	境内贷款 Domestic Loans	住户贷款 Loans to Households	非金融企业及机关团体贷款 Loans to Non-financial Enterprises and Government Departments & Organizations	非银行业金融机构贷款 Loans to Non-banking Financial Institutions	境外贷款 Overseas Loans	债券投资 Portfolio Investments	股权及其他投资 Shares and Other Investments	黄金占款 Position for Bullion Purchase	中央银行外汇占款 Foreign Exchange	其他资产 Other Assets
2014.03	1277171	753655	751688	207795	539337	4556	1967	126834	51802	670	293852	50358
2014.06	1328807	783181	781198	217290	557095	6813	1983	131723	56855	670	294513	61865
2014.09	1346639	798506	796478	225062	568717	2699	2028	136716	58324	670	294592	57831
2014.12	1378334	822031	819850	231410	583322	5118	2181	144954	67503	670	294090	49086
2015.03	1434519	859069	856785	240385	610996	5404	2284	150172	83278	670	291865	49465
2015.06	1499209	887947	885445	251030	630088	4327	2502	163373	107246	2059	291574	47011
2015.09	1534889	921337	917947	261515	643631	12801	3391	179326	112720	2172	274232	45102
2015.12	1586049	939540	936387	270214	657633	8539	3153	197636	134326	2293	265859	46395
2016.03	1604474	985613	982366	282755	691731	7880	3247	200143	174485	2417	238366	3451
2016.06	1673236	1014859	1011385	299767	702833	8785	3474	224182	191888	2488	236308	3510
2016.09	1722228	1041138	1037376	317526	710199	9652	3761	238372	207563	2530	229109	3515
2016.12	1759952	1066040	1061667	333615	718521	9532	4373	247604	220820	2542	219425	3521
2017.03	1810979	1108256	1103898	352174	744996	6729	4358	251996	230536	2542	216210	1441
2017.06	1852410	1145721	1141256	371453	762748	7055	4465	265485	222083	2542	215153	1427
2017.09	1898731	1177617	1173283	391026	775678	6579	4335	281209	220870	2541	215107	1386
2017.12	1931934	1201321	1196900	405045	785496	6359	4421	294382	217589	2541	214788	1313
2018.03	1982829	1249814	1245104	422733	816154	6217	4710	290080	224151	2541	214952	1290
2018.06	2024395	1291534	1286781	441217	836871	8692	4753	303205	210536	2541	215194	1386
2018.09	2075626	1332663	1327637	462053	856352	9232	5025	325869	199035	2541	214084	1433
2018.12	2109164	1362967	1357891	478843	868289	10760	5075	333467	196190	2570	212557	1414
2019.03	2188083	1421057	1415914	496985	913048	5881	5143	348157	202286	2664	212537	1382
2019.06	2232785	1459691	1454547	516449	930903	7195	5145	360177	196276	2782	212455	1403
2019.09	2278779	1499247	1494009	535666	950424	7919	5238	375447	187411	2856	212354	1464
2019.12	2317003	1531123	1525755	553191	962737	9827	5368	385520	183730	2856	212317	1457
2020.03	2414753	1602089	1596506	565264	1023144	8098	5583	399723	196563	2856	212079	1443
2020.06	2483853	1651999	1646223	588751	1050420	7052	5776	421066	194653	2856	211742	1538
2020.09	2537816	1693665	1687886	614431	1068347	5107	5780	441305	186862	2856	211625	1503

2.6 1 存款性公司概览（资产）
Depository Corporations Survey (Assets)

单位：亿元
Unit: 100 Million Yuan

时间 Time	国外净资产 Net Foreign Assets	国内信贷 Domestic Credit	对政府债权（净） Claims on Government (Net)
2013	280986	927007	49044
2014	288390	1076962	55047
2015.03	294637	1136552	56176
2015.06	294660	1199812	61493
2015.09	287168	1255732	74882
2015.12	280639	1332693	98297
2016.03	271903	1425207	105297
2016.06	270808	1496112	128868
2016.09	268411	1544356	146868
2016.12	263948	1600067	162352
2017.03	260793	1650629	166269
2017.06	255508	1701411	176481
2017.09	254785	1740947	190194
2017.12	253287	1780278	204892
2018.03	255448	1841753	214981
2018.06	257147	1873240	220423
2018.09	256694	1927674	238970
2018.12	255736	1965451	251378
2019.03	260083	2039204	260601
2019.06	261731	2074943	266279
2019.09	262994	2124548	276851
2019.12	264599	2172833	290116
2020.03	262342	2288672	305249
2020.06	266549	2351762	314981
2020.09	269648	2406931	331231

注：自 2005 年起，将货币当局资产负债表和其他存款性公司资产负债表合并，编制存款性公司概览。2005 年之前，原银行概览可以替代存款性公司概览。

Note: Since 2005, the balance sheet of monetary authority and that of other depository corporations have been consolidated to compile the depository corporations survey. To keep comparability, the original banking survey could be used as the substitution for depository corporation survey before 2005.

2.6 1 存款性公司概览（资产）
Depository Corporations Survey (Assets)

单位：亿元
Unit: 100 Million Yuan

时间 Time	对非金融部门债权 Claims on Non-financial Corporations	对其他金融部门债权 Claims on Other Financial Corporations
2013	796464	81500
2014	902513	119402
2015.03	943331	137045
2015.06	978254	160065
2015.09	1011362	169488
2015.12	1051160	183236
2016.03	1089233	230676
2016.06	1118050	249194
2016.09	1139688	257801
2016.12	1166093	271623
2017.03	1200190	284170
2017.06	1234070	290859
2017.09	1265935	284818
2017.12	1288783	286603
2018.03	1338831	287941
2018.06	1373058	279760
2018.09	1423655	265050
2018.12	1450737	263336
2019.03	1514311	264292
2019.06	1550378	258286
2019.09	1601534	246163
2019.12	1631601	251116
2020.03	1718473	264950
2020.06	1774685	262096
2020.09	1825816	249884

2.6 2 存款性公司概览（负债）
Depository Corporations Survey (Liabilities)

单位：亿元
Unit: 100 Million Yuan

时间 Time	货币和准货币 Money and Quasi-money	货币 Money	流通中现金 Currency in Circulation	活期存款 Demand Deposits	准货币 Quasi-money	定期存款 Time Deposits	储蓄存款 Savings Deposits	其他存款 Other Deposits
2013	1106525	337291	58574	278717	769234	232697	467031	69506
2014	1228375	348056	60260	287797	880318	264056	508878	107385
2015.03	1275333	337211	61950	275261	938122	275189	544694	118239
2015.06	1333375	356083	58604	297479	977293	289329	539127	148836
2015.09	1359824	364417	61023	303394	995407	298571	547874	148962
2015.12	1392278	400953	63217	337737	991325	288241	552073	151011
2016.03	1446198	411581	64651	346930	1034617	300623	586856	147138
2016.06	1490492	443644	62819	380825	1046848	301674	587549	157625
2016.09	1516361	454340	65069	389272	1062020	315077	598881	148063
2016.12	1550067	486557	68304	418253	1063509	307990	603504	152016
2017.03	1599610	488770	68605	420165	1110839	317183	643278	150378
2017.06	1631283	510228	66978	443250	1121054	317003	642932	161119
2017.09	1655662	517863	69749	448114	1137799	326614	648350	162835
2017.12	1676769	543790	70646	473145	1132978	320196	649341	163441
2018.03	1739859	523540	72693	450847	1216319	332606	692564	191150
2018.06	1770178	543945	69589	474355	1226234	334425	692441	199368
2018.09	1801666	538574	71254	467320	1263091	349827	706256	207008
2018.12	1826744	551686	73208	478478	1275058	340179	721689	213191
2019.03	1889412	547576	74942	472634	1341837	359015	782606	200215
2019.06	1921360	567696	72581	495115	1353664	362163	790201	201300
2019.09	1952250	557138	74130	483008	1395113	374318	807437	213357
2019.12	1986489	576009	77189	498820	1410480	363486	819162	227832
2020.03	2080923	575050	83022	492028	1505873	390275	884279	231319
2020.06	2134949	604318	79459	524859	1530631	399040	903188	228403
2020.09	2164085	602312	82371	519941	1561773	407659	919507	234606

注：自2001年6月起，将证券公司存放在金融机构的客户保证金计入货币和准货币，包含在其他存款（净）项内。
Note: Since June 2001, the margin account of securities companies maintained with financial institutions, as part of other items (net), has been included in money and quasi-money.

2.6 2 存款性公司概览（负债）
Depository Corporations Survey (Liabilities)

单位：亿元
Unit: 100 Million Yuan

时间 Time	不纳入广义货币的存款 Deposits Excluded from Broad Money	债券 Bonds	实收资本 Paid-in Capital	其他（净） Other Items (Net)
2013	25940	103672	32766	-60910
2014	31136	123119	36630	-53908
2015.03	36495	129897	37931	-48466
2015.06	34231	139065	39132	-51331
2015.09	36665	147649	40956	-42192
2015.12	36440	160004	43214	-18604
2016.03	38640	172911	44208	-4848
2016.06	39130	181275	44560	11464
2016.09	40162	191977	45563	18705
2016.12	44874	201111	47167	20796
2017.03	48588	213157	47799	2269
2017.06	49139	218172	48377	9948
2017.09	46694	223472	49563	20341
2017.12	47043	225877	52048	31828
2018.03	48088	230069	52128	27057
2018.06	47685	236917	53052	22554
2018.09	46714	242696	53578	39715
2018.12	45211	255388	54432	39412
2019.03	46939	263847	55041	44047
2019.06	47448	268946	57368	41552
2019.09	46835	272586	61934	53935
2019.12	48195	280399	64796	57555
2020.03	49280	282406	66431	71973
2020.06	50241	289588	68419	75114
2020.09	52850	307572	70797	81275

2.7 1 货币当局资产负债表（资产）
Balance Sheet of Monetary Authority (Assets)

单位：亿元
Unit: 100 Million Yuan

时间 Time	国外资产 * Foreign Assets*	外汇 ** Foreign Exchange**	货币黄金 ** Monetary Gold**	其他国外资产 Other Foreign Assets	对政府债权 *** Claims on Government***
2013	272234	264270	670	7294	15313
2014	278623	270681	670	7272	15313
2015.03	276073	268161	670	7242	15313
2015.06	276555	267149	2095	7311	15313
2015.09	262214	258244	2208	1762	15313
2015.12	253831	248538	2330	2964	15313
2016.03	246545	238366	2417	5763	15313
2016.06	245224	236308	2488	6428	15274
2016.09	238943	229109	2530	7304	15274
2016.12	229796	219425	2541	7829	15274
2017.03	224290	216210	2541	5539	15274
2017.06	223008	215153	2541	5313	15274
2017.09	222589	215107	2541	4941	15274
2017.12	221164	214788	2541	3834	15274
2018.03	220278	214952	2541	2784	15274
2018.06	220183	215194	2541	2448	15274
2018.09	218811	214084	2541	2185	15274
2018.12	217648	212557	2570	2522	15250
2019.03	218110	212537	2664	2909	15250
2019.06	218522	212455	2782	3285	15250
2019.09	218768	212354	2856	3558	15250
2019.12	218639	212317	2856	3466	15250
2020.03	218316	212079	2856	3381	15250
2020.06	218333	211742	2856	3734	15250
2020.09	218213	211625	2856	3732	15250

注：自 2008 年起，本表增设“不计入储备货币的金融性公司存款”项目，删除原表中“非金融性公司存款”项目及其子项目“活期存款”。
Note: Since 2008, the item of “Deposits of Financial Corporations not Included in Reserve Money” has been added to the balance sheet and the items of “Deposits of Non-financial Corporations” and “Demand Deposits” have been excluded from the balance sheet.
* 国外资产：自 2005 年起，本表国外资产不再以净值反映。
* Foreign Assets: Since 2005, foreign assets have been no longer presented on a net basis for this sheet.
** 中国人民银行 2001 年 12 月、2002 年 12 月对“金银占款”进行了两次调整，自 2002 年一季度起对“外汇占款”进行了调整。
** Adjustments were made on “Position for Gold and Silver Purchase” by the PBC in December 2001 and December 2002. Adjustments have also been made on “Position for Foreign Exchange Purchased” since 2002 Q1.
*** 自 2001 年起，包括中国人民银行所持有的国家债券。
*** Since 2001, the government bonds held by the PBC have been included in this item.

2.7 1 货币当局资产负债表（资产）
Balance Sheet of Monetary Authority (Assets)

单位：亿元
Unit: 100 Million Yuan

时间 Time	对其他存款性公司债权 * Claims on Other Depository Corporations*	对其他金融性公司债权 * Claims on Other Financial Corporations*	对非金融性公司债权 Claims on Non-financial Corporations	其他资产 Other Assets	总资产 Total Assets
2013	13148	8907	25	7652	317279
2014	24985	7849	12	11467	338249
2015.03	31479	7847	41	11473	342226
2015.06	23264	7696	55	14193	337076
2015.09	25235	9697	57	13523	326039
2015.12	26626	6657	72	15339	317837
2016.03	44158	6655	72	13474	326216
2016.06	57566	6658	75	13346	338142
2016.09	61905	6658	72	12098	334950
2016.12	84739	6324	81	7497	343712
2017.03	80711	6316	117	10644	337354
2017.06	85907	6318	97	14422	345026
2017.09	89149	6318	95	16571	349997
2017.12	102230	5987	102	18174	362932
2018.03	99902	5950	36	18169	359608
2018.06	103424	5948	54	17819	362702
2018.09	109333	5957	45	16810	366230
2018.12	111517	4643	28	23406	372492
2019.03	93668	4709	27	16790	348553
2019.06	101860	4842	0	23121	363595
2019.09	106775	5168	0	16007	361967
2019.12	117749	4623	0	14869	371130
2020.03	113014	4735	0	14059	365375
2020.06	111619	4747	0	13982	363931
2020.09	123620	4742	0	12903	374728

* 自 2005 年起，本表采用其他存款性公司和其他金融性公司分类，其机构范围详见第 94 页 [注 1]。2005 年之前，存款货币银行和特定存款机构加总的数据可以替代其他存款性公司的数据，其他金融机构的数据可以替代其他金融性公司的数据。

* For this sheet, new classification has been adopted since 2005. Please refer to the note 1 on page 94 for the particular institution coverage of other depository corporations and other financial corporations. To keep comparability, the data of other depository corporations before 2005 could be approximately substituted by the aggregation of deposit money banks and specific monetary institutions. Similarly, data of other financial corporations could be substituted by data of other financial institutions before 2005.

2.7 2 货币当局资产负债表（负债）
Balance Sheet of Monetary Authority (Liabilities)

单位：亿元
Unit: 100 Million Yuan

时间 Time	储备货币 Reserve Money	货币发行 Currency Issue	金融性公司存款 Deposits of Financial Corporations	其他存款性公司存款* Deposits of Other Depository Corporations*	其他金融性公司存款* Deposits of Other Financial Corporations*	非金融性公司存款 Deposits of Non-financial Corporations	不计入储备货币的金融性公司存款 Deposits of Financial Corporations not Included in Reserve Money
2013	271023	64981	206042	206042	—	0.0	1330
2014	294093	67151	226942	226942	—	0.0	1558
2015.03	295753	69078	226675	226675	—	0.0	1729
2015.06	288780	65112	223668	223668	—	0.0	1692
2015.09	279677	68455	211222	211222	—	0.0	1843
2015.12	276377	69886	206492	206492	—	0.0	2826
2016.03	283377	71353	212024	212024	—	0.0	3910
2016.06	289071	69031	220040	220040	—	0.0	4760
2016.09	290707	71920	218786	218786	—	0.0	5713
2016.12	308980	74884	234095	234095	—	0.0	6485
2017.03	302387	75247	227141	227141	—	0.0	7744
2017.06	303772	73269	229662	229662	—	841	7597
2017.09	306044	76626	228516	228516	—	901	6047
2017.12	321871	77074	243802	243802	—	995	5019
2018.03	321350	79453	238740	238740	—	3158	4168
2018.06	318471	75658	237805	237805	—	5008	3746
2018.09	317918	78117	231051	231051	—	8750	3549
2018.12	330957	79146	235511	235511	—	16300	4016
2019.03	303711	81311	209648	209648	—	12752	4693
2019.06	313086	78237	221817	221817	—	13032	4237
2019.09	305882	80218	212230	212230	—	13435	4775
2019.12	324175	82859	226024	226024	—	15292	4574
2020.03	317807	90751	212681	212681	—	14375	5016
2020.06	308339	85413	207203	207203	—	15723	4750
2020.09	315643	88063	209650	209650	—	17929	5293

注：自2011年起，采用国际货币基金组织关于储备货币的定义，不再将其他金融性公司在货币当局的存款计入储备货币。

Note : Since 2011, new definition of reserve money defined by IMF has been adopted. Deposits of other financial corporations with the monetary authority have no longer been included in reserve money.

* 见第25页脚注。

* See footnote on page 25.

2.7 2 货币当局资产负债表（负债）
Balance Sheet of Monetary Authority (Liabilities)

单位：亿元
Unit: 100 Million Yuan

时间 Time	债券发行 Bonds Issue	国外负债 Foreign Liabilities	政府存款 Government Deposits	自有资金 Self-owned Capital	其他负债 Other Liabilities	总负债 Total Liabilities
2013	7762	2088	28611	220	6245	317279
2014	6522	1834	31275	220	2747	338249
2015.03	6522	1405	29829	220	6768	342226
2015.06	6522	1466	32481	220	5915	337076
2015.09	6522	1650	31542	220	4585	326039
2015.12	6572	1807	27179	220	2855	317837
2016.03	6572	3828	27339	220	972	326216
2016.06	6572	3882	31797	220	1841	338142
2016.09	764	3787	29920	220	3840	334950
2016.12	500	3195	25063	220	-731	343712
2017.03	500	1099	24026	220	1378	337354
2017.06	0	1599	28113	220	3725	345026
2017.09	0	1025	31095	220	5565	349997
2017.12	0	880	28626	220	6316	362932
2018.03	0	929	26374	220	6567	359608
2018.06	0	1118	32041	220	7106	362702
2018.09	0	2050	34795	220	7698	366230
2018.12	200	1165	28225	220	7710	372492
2019.03	315	819	31407	220	7387	348553
2019.06	740	904	35683	220	8727	363595
2019.09	940	1106	38527	220	10517	361967
2019.12	1020	842	32415	220	7884	371130
2020.03	985	1896	30775	220	8675	365375
2020.06	950	1198	38253	220	10222	363931
2020.09	950	1081	39774	220	11767	374728

2.8 1 其他存款性公司资产负债表（资产）
Balance Sheet of Other Depository Corporations (Assets)

单位：亿元
Unit: 100 Million Yuan

时间 Time	国外资产 Foreign Assets	储备资产 Reserve Assets	准备金存款 Deposits with Central Bank	库存现金 Cash in Vault	对政府债权 Claims on Government	对中央银行债权 Claims on Central Bank
2013	28814	211776	205369	6406	62341	10301
2014	36689	233489	226597	6892	71010	6564
2015.03	40916	233401	226272	7128	70692	6569
2015.06	40915	233977	227469	6508	78662	6429
2015.09	43383	224110	216678	7432	91111	6403
2015.12	41595	219330	212661	6669	110163	6229
2016.03	41063	221687	214986	6701	117323	6161
2016.06	42585	230117	223905	6212	145391	5696
2016.09	46034	230546	223694	6852	161514	677
2016.12	50020	246447	239867	6581	172140	525
2017.03	52879	239252	232611	6642	175020	522
2017.06	52266	243285	236994	6291	189320	3
2017.09	53361	242297	235419	6878	206015	3
2017.12	53482	256108	249680	6428	218244	0
2018.03	55833	244963	238203	6760	226081	0
2018.06	57795	244261	238193	6068	237190	0
2018.09	59782	238907	232044	6863	258491	0
2018.12	60146	243161	237224	5937	264353	0
2019.03	61768	223796	217427	6369	276758	0
2019.06	62600	236259	230603	5656	286711	0
2019.09	64271	225915	219827	6088	300128	0
2019.12	63618	236958	231289	5670	307281	0
2020.03	64484	224365	216637	7729	320774	0
2020.06	67184	217385	211431	5954	337984	0
2020.09	69991	219441	213749	5693	355755	6

注：自2008年起，本表项目中原“央行债券”更名为“对中央银行债权”。
Note: Since 2008, the item of “Central Bank Bonds” has been renamed as “Claims on Central Bank”.

2.8 1 其他存款性公司资产负债表（资产）
Balance Sheet of Other Depository Corporations (Assets)

单位：亿元
Unit: 100 Million Yuan

时间 Time	对其他存款性公司债权* Claims on Other Depository Corporations*	对其他金融性公司债权* Claims on Other Financial Corporations*	对非金融性公司债权 Claims on Non-financial Corporations	对其他居民部门债权 Claims on Other Resident Sectors	其他资产 Other Assets	总资产 Total Assets
2013	260442	72592	599575	196864	82046	1524752
2014	280389	111553	673286	229216	79835	1722030
2015.03	279794	129198	705301	237989	86130	1789988
2015.06	302876	152369	729637	248562	86872	1880298
2015.09	301714	159792	752395	258910	95716	1933533
2015.12	314186	176579	783762	267326	72385	1991556
2016.03	300636	224021	809470	279691	75906	2075960
2016.06	304320	242537	821461	296514	81626	2170247
2016.09	304522	251143	825632	313984	82686	2216738
2016.12	315878	265299	836468	329544	87435	2303756
2017.03	311845	277853	852222	347851	103578	2361022
2017.06	296902	284541	866964	367009	103915	2404204
2017.09	292933	278500	879635	386205	102809	2441757
2017.12	296043	280617	889011	399669	104049	2497224
2018.03	283167	281991	921705	417091	101406	2532235
2018.06	282345	273812	937323	435680	101298	2569704
2018.09	280218	259093	967287	456323	100214	2620314
2018.12	287239	258694	977946	472762	103033	2667335
2019.03	294876	259583	1023575	490709	109325	2740389
2019.06	295166	253445	1040312	510066	109708	2794267
2019.09	290077	240995	1072307	529227	110959	2833878
2019.12	296766	246493	1085250	546351	110002	2892720
2020.03	304461	260215	1159863	558610	115285	3008058
2020.06	307126	257349	1192615	582070	121669	3083380
2020.09	311281	245142	1218411	607406	121551	3148983

* 自 2005 年起，本表采用其他存款性公司和其他金融性公司分类，其机构范围详见第 94 页［注 1］。2005 年之前，存款货币银行和特定存款机构加总的数据可以替代其他存款性公司数据，其他金融机构的数据可以替代其他金融性公司数据。

* For this sheet, new classification has been adopted since 2005. Please refer to the note 1 on page 94 for the particular institution coverage of other depository corporations and other financial corporations. To keep comparability, the data of other depository corporations before 2005 could be approximately substituted by the aggregation of deposit money banks and specific monetary institutions. Similarly, data of other financial corporations could be substituted by data of other financial institutions before 2005.

2.8 2 其他存款性公司资产负债表（负债）
Balance Sheet of Other Depository Corporations (Liabilities)

单位：亿元
Unit: 100 Million Yuan

时间 Time	对非金融机构及住户负债 Liabilities to Non-financial Institutions & Households	纳入广义货币的存款 Deposits Included in Broad Money	企业活期存款 Demand Deposits of Enterprises	企业定期存款 Time Deposits of Enterprises	居民储蓄存款 Household Savings Deposits	不纳入广义货币的存款 Deposits Excluded from Broad Money	可转让存款 Transferable Deposits	其他存款 Other Deposits	其他负债 Other Liabilities	对中央银行负债 Liabilities to Central Bank
2013	1012779	978444	278717	232697	467031	25940	7454	18486	8394	11663
2014	1102203	1060731	287797	264056	508878	31136	8157	22979	10336	26617
2015.03	1143386	1095144	275261	275189	544694	36495	8966	27529	11748	34527
2015.06	1173336	1125935	297479	289329	539127	34231	8509	25723	13170	32126
2015.09	1203732	1149839	303394	298571	547874	36665	9381	27283	17228	31296
2015.12	1249743	1178051	337737	288241	552073	36440	10806	25634	35252	33638
2016.03	1314172	1234409	346930	300623	586856	38640	11354	27286	41123	46855
2016.06	1356213	1270047	380825	301674	587549	39130	11065	28066	47035	60247
2016.09	1387791	1303229	389272	315077	598881	40162	12078	28084	44400	64388
2016.12	1420679	1329747	418253	307990	603504	44874	14028	30846	46057	87880
2017.03	1469485	1380627	420165	317183	643278	48588	13977	34611	40271	83858
2017.06	1491234	1403185	443250	317003	642932	49139	14683	34456	38910	90884
2017.09	1511037	1423079	448114	326614	648350	46694	13811	32883	41265	93245
2017.12	1531979	1442682	473145	320196	649341	47043	15267	31777	42253	105470
2018.03	1573169	1476017	450847	332606	692564	48088	15643	32445	49064	95168
2018.06	1591690	1501221	474355	334425	692441	47685	15029	32656	42784	94315
2018.09	1624130	1523403	467320	349827	706256	46714	14652	32062	54013	99762
2018.12	1641201	1540345	478478	340179	721689	45211	15356	29856	55644	104475
2019.03	1716456	1614256	472634	359015	782606	46939	15018	31921	55262	99705
2019.06	1749287	1647479	495115	362163	790201	47448	14927	32521	54360	108057
2019.09	1778065	1664764	483008	374318	807437	46835	14019	32816	66466	90790
2019.12	1798147	1681468	498820	363486	819162	48195	15660	32534	68485	98826
2020.03	1885969	1766582	492028	390275	884279	49280	15202	34077	70107	109648
2020.06	1948426	1827086	524859	399040	903188	50241	16799	33442	71099	112609
2020.09	1976995	1847108	519941	407659	919507	52850	19162	33688	77037	119563

2.8 2 其他存款性公司资产负债表（负债）
Balance Sheet of Other Depository Corporations (Liabilities)

单位：亿元
Unit: 100 Million Yuan

时间 Time	对其他存款性公司负债* Liabilities to Other Depository Corporations*	对其他金融性公司负债* Liabilities to Other Financial Corporations*	计入广义货币的存款 Deposits Included in Broad Money	国外负债 Foreign Liabilities	债券发行 Bonds Issue	实收资本 Paid-in Capital	其他负债 Other Liabilities	总负债 Total Liabilities
2013	110398	74805	69506	17973	103672	32546	160916	1524752
2014	111118	112401	107385	25088	123119	36410	185075	1722030
2015.03	107779	122365	118239	20946	129897	37711	193378	1789988
2015.06	118407	154897	148836	21344	139065	38912	202210	1880298
2015.09	117975	152605	148962	16779	147649	40736	222763	1933533
2015.12	131306	155915	151011	12978	160004	42995	204978	1991556
2016.03	123721	150576	147138	11879	172911	43988	211858	2075960
2016.06	131786	160884	157625	13119	181275	44340	222383	2170247
2016.09	135593	151794	148063	12780	191977	45343	227071	2216738
2016.12	144837	157275	152016	12673	201111	46947	232355	2303756
2017.03	133600	154081	150378	15277	213157	47579	243985	2361022
2017.06	122165	163227	160279	18167	218172	48158	252199	2404204
2017.09	119270	166742	161934	20140	223472	49343	258509	2441757
2017.12	126116	168351	162446	20479	225877	51828	267124	2497224
2018.03	112176	179403	175839	19734	230069	51908	270608	2532235
2018.06	110739	184890	181610	19714	236917	52832	278607	2569704
2018.09	107848	182569	177897	19849	242696	53358	290103	2620314
2018.12	108916	184311	179375	20894	255388	54213	297939	2667335
2019.03	108129	172181	168963	18975	263847	54821	306274	2740389
2019.06	107772	171809	168314	18487	268946	57149	312761	2794267
2019.09	106142	186008	181042	18940	272586	61714	319633	2833878
2019.12	114185	198935	193524	16816	280399	64576	320835	2892720
2020.03	118731	195538	191193	18562	282406	66211	330992	3008058
2020.06	116114	192416	188017	17769	289588	68199	338258	3083380
2020.09	110278	204215	199085	17475	307572	70577	342309	3148983

* 见第 29 页脚注。

* See footnote on page 29.

2.9 1 中资大型银行资产负债表（资产）
Balance Sheet of Large-sized Domestic Banks (Assets)

单位：亿元
Unit: 100 Million Yuan

时间 Time	国外资产 Foreign Assets	储备资产 Reserve Assets	准备金存款 Deposits with Central Bank	库存现金 Cash in Vault	对政府债权 Claims on Government	对中央银行债权 Claims on Central Bank
2012.12	20196.3	111464.9	108019.0	3445.9	38753.5	11466.8
2013.03	19957	115378	112076	3302	38837	13446
2013.06	19929	116172	113009	3163	40139	8890
2013.09	18978	117421	113672	3749	40712	5735
2013.12	19356	114779	111158	3621	40884	9906
2014.03	20058	122260	118656	3605	40642	13725
2014.06	23244	123488	120044	3444	41468	9585
2014.09	22990	125882	122057	3825	42802	7073
2014.12	23268	122515	118638	3877	43799	6230
2015.03	26644	132277	128436	3841	43798	6190
2015.06	26415	129927	126453	3474	48492	5998
2015.09	26227	122904	118657	4247	55820	5968
2015.12	24885	111191	107457	3734	70540	5908
2016.03	24543	119904	116271	3632	75560	5910
2016.06	24980	120200	116829	3371	93250	5400
2016.09	26959	122195	118346	3850	103001	656
2016.12	28224	126354	122710	3643	110144	500
2017.03	30284	127992	124346	3646	112832	500
2017.06	29270	128580	125140	3439	122519	0
2017.09	29761	128481	124607	3873	132967	0
2017.12	29052	130449	126967	3482	140119	0
2018.03	30976	127903	124291	3613	145469	0
2018.06	31919	126423	123221	3202	153150	0
2018.09	32888	124009	120343	3666	165963	0
2018.12	32428	117999	114844	3155	169057	0
2019.03	33608	114264	111007	3256	176290	0
2019.06	34433	121144	118292	2853	181812	0
2019.09	34651	116632	113529	3103	187999	0
2019.12	33061	115340	112447	2893	190308	0
2020.03	33157	116895	112899	3996	197850	0
2020.06	33900	108890	105948	2942	205992	0
2020.09	36751	110310	107597	2713	217284	0

2.9 1 中资大型银行资产负债表（资产）
Balance Sheet of Large-sized Domestic Banks (Assets)

单位：亿元
Unit: 100 Million Yuan

时间 Time	对其他存款性公司债权 Claims on Other Depository Corporations	对其他金融性公司债权 Claims on Other Financial Corporations	对非金融性公司债权 Claims on Non-financial Corporations	对其他居民部门债权 Claims on Other Resident Sectors	其他资产 Other Assets	总资产 Total Assets
2012.12	102248.2	24668.7	297056.5	86878.8	39975.2	732708.7
2013.03	115153	22626	309102	91904	45244	771646
2013.06	116535	20811	314164	97432	49267	783339
2013.09	114513	20966	322991	102191	50038	793545
2013.12	112958	22269	328233	105640	59570	813596
2014.03	117008	24782	339685	110341	61508	850008
2014.06	124525	36375	347254	114987	60473	881399
2014.09	118424	33304	353218	118820	62409	884922
2014.12	119072	36984	359189	121801	53023	885880
2015.03	116838	40069	374416	126419	55683	922334
2015.06	135279	38927	385118	131496	54604	956256
2015.09	126981	43583	398181	137370	61483	978518
2015.12	131167	47455	416235	142373	38640	988393
2016.03	126253	49824	434838	149576	41926	1028334
2016.06	126138	53321	440333	158546	45920	1068087
2016.09	120418	53858	440416	167364	45766	1080633
2016.12	116795	57489	442330	174812	46962	1103610
2017.03	115450	61777	443513	183580	54725	1130653
2017.06	111009	68994	447919	192271	53320	1153881
2017.09	106320	65083	452121	201112	51925	1167769
2017.12	105575	64262	453332	207600	51792	1182180
2018.03	107667	64343	465839	215652	47520	1205369
2018.06	105551	63250	467388	223673	46551	1217907
2018.09	104842	62199	483710	231687	45130	1250428
2018.12	103994	62477	486979	237933	44609	1255477
2019.03	110879	60248	507840	246082	51284	1300495
2019.06	106288	58906	511601	254095	51199	1319477
2019.09	104356	56649	530200	261743	52360	1344591
2019.12	108628	59675	531981	269474	49340	1357807
2020.03	114137	68377	568502	277069	52509	1428496
2020.06	114633	66055	581121	288410	56805	1455807
2020.09	112655	62433	595056	298864	57135	1490488

2.9 2 中资大型银行资产负债表（负债）
Balance Sheet of Large-sized Domestic Banks (Liabilities)

单位：亿元
Unit:100 Million Yuan

时间 Time	对非金融机构及住户负债 Liabilities to Non-financial Institutions & Households	纳入广义货币的存款 Deposits Included in Broad Money	企业活期存款 Demand Deposits of Enterprises	企业定期存款 Time Deposits of Enterprises	居民储蓄存款 Household Savings Deposits	不纳入广义货币的存款 Deposits Excluded from Broad Money	可转让存款 Transferable Deposits	其他存款 Other Deposits	其他负债 Other Liabilities	对中央银行负债 Liabilities to Central Bank
2012.12	508789.6	491047.7	139933.0	84401.2	266713.6	13487.5	4070.8	9416.7	4254.4	4071.3
2013.03	541026	522616	140834	92649	289133	14443	4164	10279	3967	3389
2013.06	545125	527835	141671	98046	288118	13778	4235	9543	3511	6845
2013.09	552735	535314	139302	102987	293025	13831	3948	9883	3590	7274
2013.12	559213	540342	148850	98546	292946	13077	3587	9490	5793	4128
2014.03	584020	564109	146816	105647	311646	14590	3567	11024	5320	3541
2014.06	597192	576593	152656	111297	312639	16277	3601	12677	4322	6309
2014.09	588747	567165	144757	112863	309544	15609	3534	12074	5973	12162
2014.12	588823	567167	149263	107492	310412	14089	3732	10357	7566	12630
2015.03	618824	592156	148110	111368	332678	17598	4116	13482	9070	17731
2015.06	626352	599891	158510	115631	325750	16340	3957	12382	10121	20556
2015.09	640429	608856	159844	118251	330761	17388	4216	13172	14185	18985
2015.12	661772	612007	169087	112676	330244	17738	5022	12716	32028	19560
2016.03	705597	647670	177795	116977	352898	20066	5423	14643	37861	26001
2016.06	720161	656318	191172	115272	349874	20836	5054	15782	43007	34153
2016.09	735167	672723	195468	119486	357769	21683	5846	15837	40761	34938
2016.12	741532	676781	200971	116788	359023	23883	6599	17284	40868	45262
2017.03	775082	713050	206923	123359	382768	26305	6705	19600	35727	47086
2017.06	778931	719281	216727	123863	378690	25597	6752	18845	34053	50588
2017.09	790054	731060	220267	127755	383038	24160	6596	17564	34834	51259
2017.12	784171	726114	224714	121510	379890	23798	7025	16773	34260	56824
2018.03	819739	755247	222198	128336	404713	24837	7393	17444	39655	51008
2018.06	821638	762374	234997	127376	400002	24569	6924	17645	34695	48232
2018.09	838797	770529	231897	130761	407871	23787	7050	16737	44481	50343
2018.12	835134	766507	229781	124589	412136	22554	7125	15429	46073	51163
2019.03	881378	810464	235333	129918	445213	24741	7335	17406	46173	49225
2019.06	886185	816431	243249	128648	444534	24537	7107	17431	45217	52089
2019.09	902169	823408	237396	133663	452350	23911	6689	17223	54850	43931
2019.12	899124	817776	235743	128904	453128	24106	7167	16939	57242	46898
2020.03	953872	866581	240939	137020	488622	24952	7326	17626	62339	52966
2020.06	978032	887989	252208	140540	495242	26041	7786	18255	64002	54723
2020.09	998826	902286	249626	149070	503591	27492	8979	18513	69047	56597

注：“中资大型银行资产负债表”机构范围见第 96 页［注 2］。
Note: Please refer to note 2 on page 96 for the information of institutional coverage of the “Balance Sheet of Large-sized Domestic Banks”.

2.9 2 中资大型银行资产负债表（负债）
Balance Sheet of Large-sized Domestic Banks (Liabilities)

单位：亿元
Unit:100 Million Yuan

时间 Time	对其他存款性公司负债 Liabilities to Other Depository Corporations	对其他金融性公司负债 Liabilities to Other Financial Corporations	计入广义货币的存款 Deposits Included in Broad Money	国外负债 Foreign Liabilities	债券发行 Bonds Issue	实收资本 Paid-in Capital	其他负债 Other Liabilities	总负债 Total Liabilities
2012.12	30249.6	33285.6	31754.0	4203.3	60293.3	16070.6	75745.6	732708.7
2013.03	24549	34279	32881	5673	61816	16067	84846	771646
2013.06	21912	34269	32106	5762	63405	16048	89974	783339
2013.09	20455	34295	32260	6771	64903	16051	91061	793545
2013.12	21960	35826	34118	8669	65949	16070	101781	813596
2014.03	18428	40013	38905	12609	67593	16082	107724	850008
2014.06	20903	49912	48914	12662	69945	16082	108395	881399
2014.09	20268	50216	49331	12483	70672	16085	114290	884922
2014.12	21852	53509	52783	11930	71222	17644	108270	885880
2015.03	14646	58397	57726	9575	71503	18424	113253	922334
2015.06	19921	72149	71527	9811	73543	18518	115408	956256
2015.09	26278	61679	60918	7633	76658	19783	127073	978518
2015.12	30885	61407	60136	5467	80907	20437	107957	988393
2016.03	21771	55160	54071	4874	83055	20632	111242	1028334
2016.06	28312	60110	59099	4990	84580	20608	115173	1068087
2016.09	30442	52332	51249	5323	86123	20728	115580	1080633
2016.12	31388	54179	52952	5356	86962	20849	118082	1103610
2017.03	24265	47594	46554	6607	87826	20834	121360	1130653
2017.06	20786	61291	60282	7787	88502	20786	125208	1153881
2017.09	19166	60552	59616	8034	91349	21247	126108	1167769
2017.12	24752	60932	59851	8531	94777	21813	130380	1182180
2018.03	16624	65091	64139	7874	95876	21718	127440	1205369
2018.06	19243	70016	68846	7198	98570	22097	130911	1217907
2018.09	21047	72630	71479	7434	102213	22199	135764	1250428
2018.12	23530	69786	68494	8440	105420	22193	139810	1255477
2019.03	20706	65085	63673	6326	108965	22530	146279	1300495
2019.06	23624	66870	65435	6410	113085	23327	147886	1319477
2019.09	21879	74352	72823	7219	116591	26774	151675	1344591
2019.12	28760	76363	74667	5416	121340	26490	153416	1357807
2020.03	31747	79299	77595	5994	121255	27535	155827	1428496
2020.06	25903	75949	74477	6013	125545	28783	160859	1455807
2020.09	21163	80781	79325	6242	134117	29525	163236	1490488

2.10 1 中资中型银行资产负债表（资产）
Balance Sheet of Medium-sized Domestic Banks (Assets)

单位：亿元
Unit:100 Million Yuan

时间 Time	国外资产 Foreign Assets	储备资产 Reserve Assets	准备金存款 Deposits with Central Bank	库存现金 Cash in Vault	对政府债权 Claims on Government
2012.12	6665.8	34937.3	34343.8	593.5	8648.8
2013.03	7060	34551	33988	563	8802
2013.06	7195	37219	36598	621	9352
2013.09	7373	37360	36748	612	10287
2013.12	7937	38462	37790	672	10912
2014.03	8212	38532	37887	645	10973
2014.06	10120	41367	40710	657	11934
2014.09	11004	41364	40745	620	13641
2014.12	10802	44166	43480	686	14513
2015.03	11677	40625	39923	702	14545
2015.06	11689	43866	43199	667	16757
2015.09	14057	42265	41613	651	19647
2015.12	13433	41450	40821	629	21841
2016.03	13501	42457	41858	599	23357
2016.06	14613	45166	44604	562	30845
2016.09	16239	42925	42336	590	34957
2016.12	18574	45696	45057	639	36915
2017.03	18931	42834	42274	560	36821
2017.06	19107	43041	42501	539	39499
2017.09	19678	41644	41104	540	43161
2017.12	20462	43565	42955	609	45819
2018.03	20982	40702	40136	566	47654
2018.06	21710	41466	40945	520	49752
2018.09	22703	39050	38529	521	53968
2018.12	23271	40680	40142	538	54925
2019.03	23766	36866	36318	548	57824
2019.06	23657	39869	39363	506	59972
2019.09	24963	37927	37417	509	62971
2019.12	25406	40481	39958	523	65121
2020.03	26464	35072	34417	654	66927
2020.06	27852	38061	37552	510	70352
2020.09	27409	37011	36534	477	72234

2.10 1 中资中型银行资产负债表（资产）
Balance Sheet of Medium-sized Domestic Banks (Assets)

单位：亿元
Unit:100 Million Yuan

时间 Time	对中央银行债权 Claims on Central Bank	对其他存款性公司债权 Claims on Other Depository Corporations	对其他金融性公司债权 Claims on Other Financial Corporations	对非金融性公司债权 Claims on Non-financial Corporations	对其他居民部门债权 Claims on Other Resident Sectors	其他资产 Other Assets	总资产 Total Assets
2012.12	790.1	63346.6	12867.2	124944.1	30199.3	7534.3	289933.6
2013.03	749	67541	15706	131634	32310	8018	306370
2013.06	541	65149	22048	134300	34906	7913	318622
2013.09	91	60048	24923	136831	37320	8042	322275
2013.12	90	60806	26713	138873	38771	8641	331205
2014.03	1405	66831	30946	145600	40321	8846	351664
2014.06	260	72688	36034	149668	42122	10197	374390
2014.09	196	66941	33205	152156	43800	10554	372863
2014.12	127	64679	40458	157577	46054	10964	389341
2015.03	126	59815	50834	165398	48011	13310	404342
2015.06	146	59643	65765	170285	50763	14824	433738
2015.09	124	62646	65469	172923	53336	15819	446286
2015.12	122	65521	71282	180137	55929	14033	463749
2016.03	124	58283	85589	187592	58653	14428	483984
2016.06	122	61050	91619	189253	63434	14606	510709
2016.09	0	61246	94666	190045	68857	15063	523997
2016.12	0	63915	102137	193237	74314	15323	550112
2017.03	0	56400	103391	199442	79575	17201	554594
2017.06	0	50032	100934	203264	85072	17187	558136
2017.09	0	49179	93653	206845	90316	17670	562146
2017.12	0	45886	96630	210329	94119	18620	575429
2018.03	0	40316	99880	220714	97903	18738	586890
2018.06	0	41327	97733	227108	102998	19265	601359
2018.09	0	40270	87852	230936	109594	17806	602178
2018.12	0	43056	89388	231885	115302	20563	619068
2019.03	0	39878	89914	242419	119419	19350	629436
2019.06	0	42354	91389	246838	124971	20373	649423
2019.09	0	42024	84221	253745	129645	18972	654470
2019.12	0	41453	87301	259666	133930	19640	672999
2020.03	0	41503	92842	281922	134331	20587	699648
2020.06	0	40177	94402	290139	139356	20979	721317
2020.09	0	43510	90230	294600	146109	21196	732299

2.10 2 中资中型银行资产负债表（负债）
Balance Sheet of Medium-sized Domestic Banks (Liabilities)

单位：亿元
Unit: 100 Million Yuan

时间 Time	对非金融机构及住户负债 Liabilities to Non-financial Institutions & Households	纳入广义货币的存款 Deposits Included in Broad Money	企业活期存款 Demand Deposits of Enterprises	企业定期存款 Time Deposits of Enterprises	居民储蓄存款 Household Savings Deposits	不纳入广义货币的存款 Deposits Excluded from Broad Money	可转让存款 Transferable Deposits	其他存款 Other Deposits	其他负债 Other Liabilities	对中央银行负债 Liabilities to Central Bank
2012.12	156491.9	148246.6	51219.5	62392.5	34634.6	7469.3	2174.0	5295.3	776.1	7112.4
2013.03	169829	160267	53025	69409	37833	8821	2155	6666	742	3566
2013.06	177177	167265	54373	72907	39984	9005	2191	6815	907	5095
2013.09	178430	168162	52534	75288	40340	9247	1988	7259	1021	4872
2013.12	180861	170690	57170	72658	40861	9020	2098	6921	1152	4956
2014.03	189559	178219	54843	79308	44068	10246	2044	8202	1094	5900
2014.06	205344	191735	59832	84582	47321	12465	2606	9858	1144	6127
2014.09	198745	184336	53463	86282	44590	13135	2598	10537	1274	6258
2014.12	201772	188105	60317	83300	44488	12437	2497	9941	1229	10249
2015.03	205713	190775	56588	88974	45212	13780	2808	10971	1159	12655
2015.06	215779	201671	62044	94098	45530	12745	2591	10153	1363	7649
2015.09	219594	204401	63303	95722	45376	13799	2956	10843	1394	8278
2015.12	226091	211664	75061	90444	46159	13046	3342	9703	1381	10209
2016.03	232868	218409	77981	94126	46301	12969	3535	9434	1490	15943
2016.06	242548	228097	88157	93008	46932	12394	3575	8818	2057	19910
2016.09	244359	230536	87844	96924	45769	12101	3608	8493	1721	22649
2016.12	252664	236600	98437	92885	45278	13738	4117	9621	2327	31769
2017.03	255611	239139	98378	93762	47000	14573	4193	10380	1898	28606
2017.06	262823	245375	102938	93879	48557	15417	4738	10678	2032	31813
2017.09	259105	242065	100493	95072	46500	14255	4126	10129	2785	33195
2017.12	264587	246848	106644	92988	47216	14377	4634	9743	3362	37760
2018.03	269820	250932	102441	97287	51204	15067	4938	10129	3821	35525
2018.06	276862	258780	106540	97895	54345	15314	4827	10487	2769	36325
2018.09	280013	261442	101709	104345	55387	15218	4457	10761	3354	38790
2018.12	282199	264373	104898	101411	58064	14631	4615	10016	3195	39696
2019.03	295754	278223	104160	109754	64309	14661	4603	10058	2870	40115
2019.06	308802	291253	111928	111702	67622	14732	4584	10147	2818	42104
2019.09	310633	292211	107294	116149	68767	14371	4080	10292	4050	33555
2019.12	314307	296613	111424	113512	71677	14638	4544	10095	3056	36167
2020.03	334297	315466	110615	127376	77475	14911	4442	10469	3919	39978
2020.06	347636	329399	120417	128614	80367	14594	4976	9618	3643	38057
2020.09	344403	325146	120167	126127	78851	15392	6026	9366	3866	39175

注：“中资中型银行资产负债表”机构范围见第 96 页［注 2］。
Note: Please refer to note 2 on page 96 for the information of institutional coverage of the “Balance Sheet of Medium-sized Domestic Banks”.

2.10 2 中资中型银行资产负债表（负债）
Balance Sheet of Medium-sized Domestic Banks (Liabilities)

单位：亿元
Unit: 100 Million Yuan

时间 Time	对其他存款性公司负债 Liabilities to Other Depository Corporations	对其他金融性公司负债 Liabilities to Other Financial Corporations	计入广义货币的存款 Deposits Included in Broad Money	国外负债 Foreign Liabilities	债券发行 Bonds Issue	实收资本 Paid-in Capital	其他负债 Other Liabilities	总负债 Total Liabilities
2012.12	40961.3	25625.2	23798.7	1302.9	30544.6	2413.0	25482.3	289933.6
2013.03	44055	25648	23485	1987	32512	2413	26359	306370
2013.06	45549	25684	23006	2289	33762	2443	26623	318622
2013.09	40824	29170	26609	2762	34407	2576	29234	322275
2013.12	43044	32295	29823	3403	35736	2647	28263	331205
2014.03	40904	38408	35811	4678	38523	2656	31035	351664
2014.06	40834	39579	37185	5667	41031	2738	33071	374390
2014.09	37927	42119	39036	5992	44456	2750	34617	372863
2014.12	38070	46271	43431	6339	46615	3030	36995	389341
2015.03	37940	49491	47162	5188	51701	3183	38471	404342
2015.06	38632	64244	60452	4928	56202	3570	42735	433738
2015.09	35810	67289	65854	3393	59762	3612	48548	446286
2015.12	42451	68221	66507	2388	64192	4002	46195	463749
2016.03	40639	66474	65426	2233	71672	4461	49694	483984
2016.06	40663	70037	69064	3512	76485	4511	53043	510709
2016.09	43836	66761	65694	3338	84018	4777	54258	523997
2016.12	49315	68878	67153	3414	86079	5233	52759	550112
2017.03	44306	70001	68569	4620	91597	5302	54551	554594
2017.06	37126	65807	64903	5376	94309	5336	55547	558136
2017.09	38081	66074	63638	6353	95916	5396	58027	562146
2017.12	39070	67781	65259	6132	94733	6222	59144	575429
2018.03	34800	74777	73468	6191	96829	6221	62727	586890
2018.06	35432	75117	73903	6453	100168	6296	64706	601359
2018.09	31752	70477	68172	6265	101502	6330	67051	602178
2018.12	34694	72246	69944	6374	107575	6396	69889	619068
2019.03	35156	65135	64120	6613	110745	6432	69487	629436
2019.06	33655	66012	65252	6418	113788	7560	71084	649423
2019.09	34915	72330	70797	6389	116548	8229	71871	654470
2019.12	35854	77678	76643	6419	121923	9506	71145	672999
2020.03	37387	73350	72753	6387	122559	9838	75851	699648
2020.06	40505	73856	72996	6467	127383	10038	77375	721317
2020.09	38008	80542	79620	6007	136648	10936	76579	732299

2.11 1 中资小型银行资产负债表（资产）
Balance Sheet of Small-sized Domestic Banks (Assets)

单位：亿元
Unit: 100 Million Yuan

时间 Time	国外资产 Foreign Assets	储备资产 Reserve Assets	准备金存款 Deposits with Central Bank	库存现金 Cash in Vault	对政府债权 Claims on Government	对中央银行债权 Claims on Central Bank
2012.12	219.8	32034.0	30950.8	1083.3	6785.1	392.7
2013.03	205	30894	29860	1034	6808	428
2013.06	284	32853	31836	1071	7253	331
2013.09	212	34097	32930	1166	7797	102
2013.12	274	38957	37712	1245	8322	88
2014.03	372	37824	36558	1267	8353	106
2014.06	352	39676	38418	1258	8705	99
2014.09	401	40433	39112	1321	9328	100
2014.12	575	45603	44155	1448	9805	83
2015.03	517	42754	41193	1561	10002	97
2015.06	610	43901	42413	1488	10853	121
2015.09	717	43032	41422	1610	12643	130
2015.12	694	47047	45474	1573	14705	88
2016.03	782	44807	43151	1657	15452	41
2016.06	641	49064	47502	1561	17979	35
2016.09	664	49425	47738	1687	20423	19
2016.12	882	55724	54019	1705	21709	25
2017.03	1388	53679	51900	1779	22199	22
2017.06	1444	56004	54292	1712	23899	3
2017.09	1499	56695	54832	1862	26302	3
2017.12	1461	63567	61738	1830	28473	0
2018.03	1622	60714	58730	1984	29351	0
2018.06	1615	60325	58493	1832	30695	0
2018.09	1578	59771	57665	2106	34286	0
2018.12	1766	66329	64499	1830	35998	0
2019.03	1695	58544	56470	2074	38174	0
2019.06	1856	60856	58972	1884	40258	0
2019.09	1891	56778	54735	2042	44117	0
2019.12	2005	64860	62937	1923	46624	0
2020.03	1952	57779	55143	2635	49685	0
2020.06	2383	56810	54667	2143	55081	0
2020.09	2551	58075	55941	2134	59448	0

2.11 1 中资小型银行资产负债表（资产）
Balance Sheet of Small-sized Domestic Banks (Assets)

单位：亿元
Unit: 100 Million Yuan

时间 Time	对其他存款性公司债权 Claims on Other Depository Corporations	对其他金融性公司债权 Claims on Other Financial Corporations	对非金融性公司债权 Claims on Non-financial Corporations	对其他居民部门债权 Claims on Other Resident Sectors	其他资产 Other Assets	总资产 Total Assets
2012.12	45553.8	9916.7	72244.7	21384.1	7250.9	195781.9
2013.03	48325	15182	78050	22869	7850	210610
2013.06	48486	16077	83117	24793	8529	221722
2013.09	48721	17408	87252	27121	8568	231276
2013.12	55187	19855	88879	29083	8734	249379
2014.03	59195	23840	94935	31234	8962	264821
2014.06	60120	25745	99966	33496	9588	277747
2014.09	56432	27084	103794	35658	10188	283418
2014.12	59784	28641	109411	37482	10458	301841
2015.03	63573	32223	118064	39771	11387	318387
2015.06	66914	40187	126159	42292	11781	342819
2015.09	70198	42931	132841	44329	12446	359267
2015.12	75065	50200	139039	46631	13155	386624
2016.03	70509	80542	138423	49219	13664	413439
2016.06	72427	89455	143308	52604	14714	440228
2016.09	77337	94026	147683	56499	15794	461870
2016.12	87448	97709	152228	60019	16890	492633
2017.03	94279	104157	160373	65039	18237	519373
2017.06	91141	105641	165294	69714	18841	531980
2017.09	91811	110022	169154	75081	18120	548687
2017.12	94275	110144	173386	78880	18173	568359
2018.03	89991	108502	180762	84395	19017	574355
2018.06	90389	103220	188116	89748	19438	583547
2018.09	89219	98641	197445	95971	20616	597526
2018.12	92540	97963	204553	101280	21378	621807
2019.03	99608	100037	218027	106887	22301	645274
2019.06	99874	94683	225586	112490	21855	657457
2019.09	98606	90945	231032	119494	22982	665844
2019.12	97216	91184	235858	125354	24518	687620
2020.03	101735	90651	251022	129592	25008	707424
2020.06	105005	87819	262239	136546	26824	732708
2020.09	109891	82618	268727	144655	26497	752462

2.11 2 中资小型银行资产负债表（负债）
Balance Sheet of Small-sized Domestic Banks (Liabilities)

单位：亿元
Unit: 100 Million Yuan

时间 Time	对非金融机构及住户负债 Liabilities to Non-financial Institutions & Households	纳入广义货币的存款 Deposits Included in Broad Money	企业活期存款 Demand Deposits of Enterprises	企业定期存款 Time Deposits of Enterprises	居民储蓄存款 Household Savings Deposits	不纳入广义货币的存款 Deposits Excluded from Broad Money	可转让存款 Transferable Deposits	其他存款 Other Deposits	其他负债 Other Liabilities	对中央银行负债 Liabilities to Central Bank
2012.12	137712.6	136460.7	41319.3	33892.3	61249.1	784.9	344.9	440.0	467.0	1401.2
2013.03	147528	146370	40519	37037	68814	783	287	495	376	710
2013.06	155951	154404	42851	39533	72020	1077	345	732	470	1024
2013.09	162050	160469	43318	41988	75163	1055	342	713	525	1353
2013.12	173424	171626	48776	43004	79846	1100	359	741	699	1121
2014.03	181577	179867	45953	46138	87777	1068	292	776	642	999
2014.06	191979	190106	48976	49679	91451	1159	305	854	713	1376
2014.09	195251	193139	46872	51749	94518	1424	314	1110	687	1837
2014.12	205272	202803	51315	52304	99183	1536	357	1179	934	2188
2015.03	214995	212133	48236	54171	109726	1976	347	1629	887	2669
2015.06	226452	223417	51942	59044	112430	2142	339	1803	894	2419
2015.09	237308	233999	54792	62265	116942	2334	455	1880	976	2575
2015.12	251931	248664	62771	62884	123009	2208	389	1819	1058	2668
2016.03	269327	266069	64669	67014	134386	2155	415	1740	1103	3915
2016.06	286479	283048	72838	69885	140326	2169	404	1766	1262	4963
2016.09	301089	297390	77206	72970	147213	2327	451	1876	1373	5556
2016.12	314329	309906	84609	72680	152617	2646	600	2045	1777	9510
2017.03	332478	327205	86201	73835	167168	3359	599	2759	1915	6941
2017.06	342386	336579	92950	73370	170259	3776	678	3098	2031	7032
2017.09	352193	345794	95938	75228	174628	3936	692	3244	2463	7505
2017.12	366366	358988	103422	76011	179555	4076	854	3222	3302	9510
2018.03	373481	365654	96210	76458	192986	3942	999	2943	3885	7594
2018.06	382249	374688	100244	78492	195953	3514	893	2621	4046	8586
2018.09	391974	383900	100250	81284	202367	3413	861	2552	4661	9609
2018.12	408501	400135	103423	83601	213111	3359	980	2379	5007	12398
2019.03	431793	423363	100492	88712	234159	3314	835	2479	5115	9362
2019.06	444499	435576	104677	90939	239961	3642	926	2716	5281	12898
2019.09	454180	444455	104402	91117	248935	3787	990	2796	5938	12459
2019.12	466769	455701	107988	89184	258528	4162	1102	3060	6906	14790
2020.03	485350	478644	104738	93004	280902	4484	996	3488	2222	15775
2020.06	507469	500897	113280	96533	291085	4461	1183	3279	2110	18768
2020.09	519816	512891	115378	96863	300650	4673	1324	3349	2252	22308

注："中资小型银行资产负债表"机构范围见第 96 页 [注 2]。
Note: Please refer to note 2 on page 96 for the information of institutional coverage of the "Balance Sheet of Small-sized Domestic Banks".

2.11 2 中资小型银行资产负债表（负债）
Balance Sheet of Small-sized Domestic Banks (Liabilities)

单位：亿元
Unit: 100 Million Yuan

时间 Time	对其他存款性公司负债 Liabilities to Other Depository Corporations	对其他金融性公司负债 Liabilities to Other Financial Corporations	计入广义货币的存款 Deposits Included in Broad Money	国外负债 Foreign Liabilities	债券发行 Bonds Issue	实收资本 Paid-in Capital	其他负债 Other Liabilities	总负债 Total Liabilities
2012.12	30553.1	2743.0	2516.8	311.6	1320.4	5980.9	15759.2	195781.9
2013.03	34459	3320	3082	636	1444	6187	16328	210610
2013.06	34309	4190	3655	645	1699	6479	17425	221722
2013.09	34920	4894	4444	601	1779	6758	18920	231276
2013.12	39675	5429	4876	633	1745	7226	20127	249379
2014.03	43771	6839	6472	714	1897	7459	21564	264821
2014.06	42525	8025	7766	703	2159	7786	23195	277747
2014.09	39526	9839	9439	786	3150	8128	24901	283418
2014.12	42096	11288	10547	753	4977	8559	26708	301841
2015.03	43663	13038	12486	806	6309	8946	27960	318387
2015.06	47572	16594	15769	978	8960	9494	30349	342819
2015.09	43710	21709	20774	863	10826	9812	32464	359267
2015.12	47395	24055	22821	850	14438	10641	34646	386624
2016.03	47312	26728	25877	840	17634	11039	36645	413439
2016.06	49314	28573	27840	671	19780	11418	39029	440228
2016.09	48425	30873	29766	718	21394	11955	41860	461870
2016.12	52388	32397	30626	642	27608	12659	43099	492633
2017.03	52542	35066	34089	800	33288	13185	45073	519373
2017.06	51463	34683	34084	920	34932	13610	46954	531980
2017.09	50030	38620	37609	969	35768	14153	49449	548687
2017.12	50952	37994	36297	924	36014	14972	51628	568359
2018.03	48390	38021	37166	924	37036	15141	53768	574355
2018.06	44366	38303	37630	966	37754	15474	55849	583547
2018.09	43577	37892	36990	1116	38400	15792	59165	597526
2018.12	40430	40729	39697	1151	41757	16546	60295	621807
2019.03	40333	40357	39865	1190	43349	16719	62172	645274
2019.06	38498	37091	36271	1202	41197	16993	65080	657457
2019.09	37739	37610	36070	1052	38600	17427	66777	665844
2019.12	38823	42923	40698	932	36267	19063	68052	687620
2020.03	37437	40815	39212	979	37592	19287	70189	707424
2020.06	38672	40660	39041	865	35588	19702	70985	732708
2020.09	39524	40878	38789	836	35825	20180	73095	752462

2.12 1 外资银行资产负债表（资产）
Balance Sheet of Foreign-funded Banks (Assets)

单位：亿元
Unit: 100 Million Yuan

时间 Time	国外资产 Foreign Assets	储备资产 Reserve Assets			对政府债权 Claims on Government	对中央银行债权 Claims on Central Bank
			准备金存款 Deposits with Central Bank	库存现金 Cash in Vault		
2013	1128	3083	3073	10	1535	127
2014	1889	3205	3194	11	2185	40
2015.03	1938	2650	2639	11	1695	39
2015.06	2054	2524	2514	11	1838	102
2015.09	2190	2439	2428	11	1937	120
2015.12	2391	2899	2889	10	1793	105
2016.03	1984	2869	2859	10	1687	87
2016.06	2066	3107	3098	9	1946	138
2016.09	1899	3584	3575	9	1807	3
2016.12	2071	4060	4051	9	1958	0
2017.03	2008	3478	3470	8	1780	0
2017.06	2187	3469	3461	8	1952	0
2017.09	2192	3297	3289	8	2027	0
2017.12	2222	3766	3758	7	2230	0
2018.03	2043	3045	3038	7	2020	0
2018.06	2328	2985	2979	7	2028	0
2018.09	2380	2832	2826	6	2584	0
2018.12	2452	3287	3281	6	2681	0
2019.03	2501	2645	2639	5	2740	0
2019.06	2443	2904	2899	5	2884	0
2019.09	2546	2880	2875	5	3096	0
2019.12	2950	3252	3247	5	3388	0
2020.03	2673	2948	2943	4	4089	0
2020.06	2811	3113	3109	4	4023	0
2020.09	3075	2950	2946	4	4150	0

注：自 2008 年起，本表项目中原“央行债券”更名为“对中央银行债权”。
Note: Since 2008, the item of “Central Bank Bonds” has been renamed as “Claims on Central Bank”.

2.12 1 外资银行资产负债表（资产）
Balance Sheet of Foreign-funded Banks (Assets)

单位：亿元
Unit: 100 Million Yuan

时间 Time	对其他存款性公司债权* Claims on Other Depository Corporations*	对其他金融性公司债权* Claims on Other Financial Corporations*	对非金融性公司债权 Claims on Non-financial Corporations	对其他居民部门债权 Claims on Other Resident Sectors	其他资产 Other Assets	总资产 Total Assets
2013	6313	1400	10581	790	849	25805
2014	5775	2125	11077	970	877	28143
2015.03	5229	2257	10949	869	942	26566
2015.06	5281	2471	10782	905	944	26900
2015.09	4791	2398	10498	942	1260	26574
2015.12	4689	2590	10267	980	1969	27684
2016.03	4683	2545	10316	1002	1019	26191
2016.06	4684	2454	10252	1023	1638	27308
2016.09	5294	2469	9832	1040	1587	27515
2016.12	5698	2738	10254	1081	3809	31670
2017.03	5377	2987	10206	1125	8875	35836
2017.06	5611	3149	10522	1167	10104	38160
2017.09	6110	3415	11023	1207	10958	40230
2017.12	6505	3694	11020	1234	11812	42483
2018.03	5926	3826	12082	1254	12604	42800
2018.06	5893	3849	12009	1283	12596	42972
2018.09	5271	3847	12367	1340	13218	43840
2018.12	5844	3745	11649	1452	13066	44177
2019.03	5178	3812	11983	1524	12962	43344
2019.06	5378	3664	12132	1573	12813	43791
2019.09	4865	3646	12633	1609	13114	44389
2019.12	5186	3662	12266	1683	12684	45071
2020.03	4798	3728	13108	1685	13326	46355
2020.06	4297	3669	12983	1708	13176	45780
2020.09	4500	3753	13169	1779	12795	46171

* 自 2005 年起，本表采用其他存款性公司和其他金融性公司分类，其机构范围详见第 94 页 [注 1]。2005 年之前，存款货币银行和特定存款机构加总的数据可以替代其他存款性公司数据，其他金融机构的数据可以替代其他金融性公司数据。

* For this sheet, new classification has been adopted since 2005. Please refer to the note 1 on page 94 for the particular institution coverage of other depository corporations and other financial corporations. To keep comparability, the data of other depository corporations before 2005 could be approximately substituted by the aggregation of deposit money banks and specific monetary institutions. Similarly, data of other financial corporations could be substituted by data of other financial institutions before 2005.

2.12 2 外资银行资产负债表（负债）
Balance Sheet of Foreign-funded Banks (Liabilities)

单位：亿元
Unit: 100 Million Yuan

时间 Time	对非金融机构及住户负债 Liabilities to Non-financial Institutions & Households	纳入广义货币的存款 Deposits Included in Broad Money	企业活期存款 Demand Deposits of Enterprises	企业定期存款 Time Deposits of Enterprises	居民储蓄存款 Household Savings Deposits	不纳入广义货币的存款 Deposits Excluded from Broad Money	可转让存款 Transferable Deposits	其他存款 Other Deposits	其他负债 Other Liabilities	对中央银行负债 Liabilities to Central Bank
2013	15108	12120	2887	7193	2040	2426	1158	1268	561	1
2014	15731	12685	3315	7440	1930	2621	1249	1372	424	2
2015.03	14266	11235	2677	6765	1793	2520	1218	1302	511	125
2015.06	14079	10899	2883	6345	1671	2506	1291	1216	674	2
2015.09	13844	10738	2773	6375	1589	2555	1389	1166	552	4
2015.12	14593	11213	3751	5958	1504	2774	1563	1211	605	5
2016.03	13684	10315	2990	5922	1402	2811	1529	1282	558	34
2016.06	14452	10781	3472	5955	1354	3047	1592	1456	624	180
2016.09	15131	11473	3199	6947	1328	3200	1645	1554	458	274
2016.12	17153	12731	4425	6996	1310	3478	1845	1633	945	168
2017.03	16241	12213	3637	7304	1272	3384	1796	1588	644	217
2017.06	16384	12319	3873	7185	1261	3361	1800	1561	704	334
2017.09	17066	12639	3660	7730	1249	3351	1717	1635	1076	259
2017.12	18357	13802	4886	7645	1270	3373	1761	1612	1182	284
2018.03	17732	12909	3876	7786	1247	3211	1668	1543	1612	91
2018.06	17378	12865	4152	7499	1214	3336	1777	1559	1177	226
2018.09	17468	12701	3650	7805	1247	3347	1749	1598	1420	82
2018.12	18386	13700	4837	7565	1298	3461	1876	1586	1225	144
2019.03	17054	12744	3850	7607	1288	3303	1701	1602	1007	85
2019.06	17706	13126	4131	7691	1304	3625	1752	1872	956	161
2019.09	18494	13102	3870	7929	1303	3850	1764	2086	1542	133
2019.12	19486	14390	5347	7706	1338	3953	1946	2007	1143	183
2020.03	19033	13523	4587	7576	1359	3983	1841	2141	1527	65
2020.06	19247	13896	4867	7643	1387	4092	2156	1936	1258	74
2020.09	19952	14108	4364	8396	1348	4056	2122	1934	1787	296

2.12 2 外资银行资产负债表（负债）
Balance Sheet of Foreign-funded Banks (Liabilities)

单位：亿元
Unit: 100 Million Yuan

时间 Time	对其他存款性公司负债* Liabilities to Other Depository Corporations*	对其他金融性公司负债* Liabilities to Other Financial Corporations*	计入广义货币的存款 Deposits Included in Broad Money	国外负债 Foreign Liabilities	债券发行 Bonds Issue	实收资本 Paid-in Capital	其他负债 Other Liabilities	总负债 Total Liabilities
2013	1227	736	552	5268	81	1586	1799	25805
2014	1785	709	512	6057	115	1654	2092	28143
2015.03	1856	923	699	5361	193	1637	2205	26566
2015.06	1973	1101	877	5593	154	1705	2293	26900
2015.09	2038	1386	1155	4856	156	1710	2580	26574
2015.12	2019	1524	1315	4241	257	1744	3301	27684
2016.03	2484	1632	1484	3905	318	1748	2385	26191
2016.06	2313	1449	1293	3927	202	1781	3004	27308
2016.09	2474	1247	1037	3384	197	1758	3050	27515
2016.12	2611	1241	1027	3247	184	1761	5305	31670
2017.03	2768	1020	879	3239	199	1762	10390	35836
2017.06	2932	896	718	4078	200	1763	11574	38160
2017.09	2705	912	763	4779	222	1766	12521	40230
2017.12	2612	941	772	4884	226	1835	13344	42483
2018.03	3137	903	772	4735	208	1830	14164	42800
2018.06	2832	1043	936	5073	323	1835	14263	42972
2018.09	2884	1100	938	5011	446	1873	14977	43840
2018.12	2342	1116	1004	4904	549	1878	14858	44177
2019.03	2823	1128	1024	4827	695	1954	14777	43344
2019.06	2893	1163	1052	4444	806	1975	14642	43791
2019.09	2497	1211	1059	4273	785	1977	15019	44389
2019.12	2663	1264	1140	4041	859	1979	14597	45071
2020.03	2302	1442	1313	5197	988	1983	15345	46355
2020.06	2524	1318	1181	4423	966	1988	15241	45780
2020.09	2538	1286	1112	4388	904	1986	14821	46171

* 见第 45 页脚注。
* See footnote on page 45.

2.13 1 农村信用社资产负债表（资产）
Balance Sheet of Rural Credit Cooperatives (Assets)

单位：亿元
Unit: 100 Million Yuan

时间 Time	国外资产 Foreign Assets	储备资产 Reserve Assets			对政府债权 Claims on Government	对中央银行债权 Claims on Central Bank
			准备金存款 Deposits with Central Bank	库存现金 Cash in Vault		
2013	3	13855	12997	858	632	88
2014	3	14985	14116	870	654	84
2015.03	3	12182	11168	1014	595	117
2015.06	3	11644	10776	868	659	62
2015.09	4	11488	10576	912	988	61
2015.12	3	14570	13846	723	1217	5
2016.03	3	9698	8894	804	1207	0
2016.06	4	10520	9810	709	1294	0
2016.09	4	10111	9394	717	1255	0
2016.12	4	11574	10989	585	1350	0
2017.03	4	8757	8109	648	1321	0
2017.06	4	9656	9064	592	1396	0
2017.09	4	9459	8865	594	1502	0
2017.12	4	11275	10776	499	1545	0
2018.03	4	9798	9208	590	1528	0
2018.06	3	10021	9514	506	1505	0
2018.09	7	9846	9282	564	1621	0
2018.12	7	11289	10881	408	1627	0
2019.03	7	8764	8279	485	1658	0
2019.06	7	8741	8333	407	1692	0
2019.09	5	8697	8270	427	1857	0
2019.12	5	9541	9216	325	1698	0
2020.03	5	8267	7828	439	2068	0
2020.06	5	7311	6956	355	2314	0
2020.09	5	7927	7563	363	2364	6

注：自 2008 年起，本表项目中原“央行债券”更名为“对中央银行债权”。
Note: Since 2008, the item of “Central Bank Bonds” has been renamed as “Claims on Central Bank”.

2.13 1 农村信用社资产负债表（资产）
Balance Sheet of Rural Credit Cooperatives (Assets)

单位：亿元
Unit: 100 Million Yuan

时间 Time	对其他存款性公司债权 * Claims on Other Depository Corporations*	对其他金融性公司债权 * Claims on Other Financial Corporations*	对非金融性公司债权 Claims on Non-financial Corporations	对其他居民部门债权 Claims on Other Resident Sectors	其他资产 Other Assets	总资产 Total Assets
2013	16287	1837	21754	22226	4069	80752
2014	18939	2378	22918	22443	4273	86677
2015.03	24671	2433	23309	22420	4537	90267
2015.06	24024	3259	23467	22583	4427	90128
2015.09	24133	3063	23748	22361	4419	90266
2015.12	19771	2710	22692	20729	4249	85946
2016.03	27003	2984	21914	20485	4559	87853
2016.06	25248	3248	20787	20089	4450	85640
2016.09	24680	3153	19761	19306	4212	82481
2016.12	22290	2642	19471	18259	4160	79750
2017.03	24981	2734	18795	17493	4224	78308
2017.06	23708	2690	18668	17730	4156	78008
2017.09	22618	2480	18428	17369	3820	75680
2017.12	20412	2139	17749	16597	3295	73017
2018.03	21762	2268	17876	16604	3158	72997
2018.06	20486	1874	17553	16671	3054	71168
2018.09	19709	1739	17022	16363	3011	69317
2018.12	16429	1454	15547	15328	2948	64629
2019.03	19770	1517	15643	15310	2929	65598
2019.06	19639	1111	15150	15476	2966	64781
2019.09	18916	1514	14821	15359	3009	64177
2019.12	15994	895	13808	14560	3256	59756
2020.03	18698	951	14270	14705	3218	62182
2020.06	17701	939	14036	14816	3272	60394
2020.09	18094	1479	13774	14742	3341	61731

* 自 2005 年起，本表采用其他存款性公司和其他金融性公司分类，其机构范围详见第 94 页 [注 1]。2005 年之前，存款货币银行和特定存款机构加总的数据可以替代其他存款性公司数据，其他金融机构的数据可以替代其他金融性公司数据。

* For this sheet, new classification has been adopted since 2005. Please refer to the note 1 on page 94 for the particular institution coverage of other depository corporations and other financial corporations. To keep comparability, the data of other depository corporations before 2005 could be approximately substituted by the aggregation of deposit money banks and specific monetary institutions. Similarly, data of other financial corporations could be substituted by data of other financial institutions before 2005.

2.13 2 农村信用社资产负债表（负债）
Balance Sheet of Rural Credit Cooperatives (Liabilities)

单位：亿元
Unit: 100 Million Yuan

时间 Time	对非金融机构及住户负债 Liabilities to Non-financial Institutions & Households	纳入广义货币的存款 Deposits Included in Broad Money	企业活期存款 Demand Deposits of Enterprises	企业定期存款 Time Deposits of Enterprises	居民储蓄存款 Household Savings Deposits	不纳入广义货币的存款 Deposits Excluded from Broad Money	可转让存款 Transferable Deposits	其他存款 Other Deposits	其他负债 Other Liabilities	对中央银行负债 Liabilities to Central Bank
2013	65313	65124	11515	2271	51338	8	1	7	180	1341
2014	66662	66484	10848	2776	52861	6	0	6	171	1435
2015.03	68223	68104	9895	2927	55282	7	0	7	112	1242
2015.06	67026	66910	10130	3037	53743	7	0	6	109	1390
2015.09	66647	66526	10325	2998	53203	7	1	6	114	1343
2015.12	63807	63630	9916	2559	51155	7	1	7	169	1072
2016.03	64256	64150	9619	2664	51867	6	1	5	101	844
2016.06	62306	62225	10336	2828	49061	5	0	4	76	916
2016.09	59913	59830	10549	2481	46801	5	1	4	78	829
2016.12	57662	57526	10124	2127	45274	6	1	4	130	984
2017.03	56991	56908	9716	2125	45067	6	2	4	77	851
2017.06	56526	56453	10190	2102	44161	4	1	3	69	935
2017.09	55228	55150	10153	2067	42930	4	1	3	74	850
2017.12	52983	52845	9570	1870	41405	5	1	4	133	886
2018.03	53375	53296	9020	1867	42409	1	1	0	78	778
2018.06	51972	51903	9162	1820	40921	1	1	0	69	770
2018.09	50183	50114	8948	1789	39377	0	0	0	69	743
2018.12	46535	46408	7839	1497	37072	0	0	0	127	771
2019.03	46880	46799	7664	1505	37630	0	0	0	80	654
2019.06	45976	45904	7653	1479	36772	0	0	0	71	558
2019.09	44995	44925	7397	1454	36074	0	0	0	70	502
2019.12	42228	42107	6354	1271	34482	1	1	0	121	553
2020.03	43666	43580	6379	1288	35913	0	0	0	86	573
2020.06	42837	42765	6339	1326	35099	0	0	0	72	682
2020.09	42849	42779	6425	1294	35060	0	0	0	70	806

2.13 2 农村信用社资产负债表（负债）
Balance Sheet of Rural Credit Cooperatives (Liabilities)

单位：亿元
Unit: 100 Million Yuan

时间 Time	对其他存款性公司负债* Liabilities to Other Depository Corporations*	对其他金融性公司负债* Liabilities to Other Financial Corporations*	计入广义货币的存款 Deposits Included in Broad Money	国外负债 Foreign Liabilities	债券发行 Bonds Issue	实收资本 Paid-in Capital	其他负债 Other Liabilities	总负债 Total Liabilities
2013	3936	459	90	0	0	2570	7133	80752
2014	6698	561	75	0	1	2647	8674	86677
2015.03	8991	418	103	0	1	2518	8873	90267
2015.06	9725	691	126	0	16	2529	8750	90128
2015.09	9800	395	148	0	57	2535	9489	90266
2015.12	7909	508	127	0	18	2566	10066	85946
2016.03	10928	450	177	0	40	2373	8960	87853
2016.06	10452	575	232	0	38	2225	9127	85640
2016.09	9886	446	217	0	60	2129	9218	82481
2016.12	8609	436	147	0	72	2146	9840	79750
2017.03	9085	222	148	0	22	1966	9172	78308
2017.06	8965	180	132	0	31	1947	9424	78008
2017.09	8720	263	134	0	25	1874	8719	75680
2017.12	8076	449	116	0	32	1856	8735	73017
2018.03	8394	339	118	0	34	1781	8296	72997
2018.06	7928	144	124	0	23	1762	8569	71168
2018.09	7778	64	102	0	58	1692	8698	69317
2018.12	7165	170	88	0	10	1585	8392	64629
2019.03	7992	135	114	1	16	1510	8410	65598
2019.06	7959	238	124	1	8	1476	8563	64781
2019.09	8222	158	103	1	1	1408	8890	64177
2019.12	7277	318	112	1	1	1416	7963	59756
2020.03	8455	222	102	1	2	1375	7888	62182
2020.06	7432	264	91	1	7	1344	7827	60394
2020.09	7906	293	73	1	17	1319	8539	61731

* 见第 49 页脚注。
* See footnote on page 49.

2.14 1 财务公司资产负债表（资产）
Balance Sheet of Finance Companies (Assets)

单位：亿元
Unit: 100 Million Yuan

时间 Time	国外资产 Foreign Assets	储备资产 Reserve Assets	准备金存款 Deposits with Central Bank	库存现金 Cash in Vault	对政府债权 Claims on Government	对中央银行债权 Claims on Central Bank
2013	116	2640	2640	0	56	1
2014	152	3015	3015	0	55	0
2015.03	137	2913	2913	0	57	0
2015.06	144	2115	2115	0	62	0
2015.09	188	1982	1982	0	76	0
2015.12	189	2174	2174	0	67	0
2016.03	250	1953	1953	0	61	0
2016.06	282	2060	2060	0	77	1
2016.09	270	2305	2305	0	70	70
2016.12	265	3039	3039	0	64	0
2017.03	264	2512	2512	0	68	0
2017.06	255	2535	2535	0	56	0
2017.09	227	2722	2722	0	56	0
2017.12	282	3486	3486	0	58	0
2018.03	206	2800	2800	0	59	0
2018.06	219	3040	3040	1	60	0
2018.09	225	3399	3399	0	69	0
2018.12	222	3577	3577	0	65	0
2019.03	191	2714	2714	0	72	0
2019.06	203	2744	2744	0	93	0
2019.09	215	3001	3000	1	88	0
2019.12	192	3485	3485	0	142	0
2020.03	233	3405	3405	0	155	0
2020.06	232	3200	3200	0	221	0
2020.09	201	3169	3167	2	275	0

注：自 2008 年起，本表项目中原“央行债券”更名为“对中央银行债权”。
Note: Since 2008, the item of “Central Bank Bonds” has been renamed as “Claims on Central Bank”.

2.14 1 财务公司资产负债表（资产）
Balance Sheet of Finance Companies (Assets)

单位：亿元
Unit: 100 Million Yuan

时间 Time	对其他存款性公司债权 * Claims on Other Depository Corporations*	对其他金融性公司债权 * Claims on Other Financial Corporations*	对非金融性公司债权 Claims on Non-financial Corporations	对其他居民部门债权 Claims on Other Resident Sectors	其他资产 Other Assets	总资产 Total Assets
2013	8890	518	11256	354	183	24014
2014	12141	968	13114	465	239	30149
2015.03	9667	1383	13165	499	272	28092
2015.06	11736	1760	13825	523	292	30457
2015.09	12965	2348	14203	571	288	32622
2015.12	17973	2343	15393	684	339	39161
2016.03	13905	2537	16386	755	310	36158
2016.06	14772	2439	17529	818	298	38275
2016.09	15548	2971	17896	918	265	40243
2016.12	19733	2584	18947	1059	291	45982
2017.03	15357	2808	19894	1040	315	42258
2017.06	15401	3133	21297	1056	308	44039
2017.09	16894	3846	22064	1120	316	47246
2017.12	23390	3748	23195	1239	356	55755
2018.03	17504	3173	24431	1283	369	49824
2018.06	18698	3886	25149	1306	393	52751
2018.09	20907	4815	25808	1369	434	57026
2018.12	25376	3666	27334	1468	468	62177
2019.03	19563	4054	27663	1487	498	56242
2019.06	21634	3693	29006	1461	503	59337
2019.09	21310	4020	29877	1375	522	60407
2019.12	28289	3777	31670	1350	563	69467
2020.03	23591	3668	31038	1227	637	63954
2020.06	25312	4465	32096	1234	614	67374
2020.09	22630	4629	33084	1257	588	65833

* 自 2005 年起，本表采用其他存款性公司和其他金融性公司分类，其机构范围详见第 94 页 [注 1]。2005 年之前，存款货币银行和特定存款机构加总的数据可以替代其他存款性公司数据，其他金融机构的数据可以替代其他金融性公司数据。

* For this sheet, new classification has been adopted since 2005. Please refer to the note 1 on page 94 for the particular institution coverage of other depository corporations and other financial corporations. To keep comparability, the data of other depository corporations before 2005 could be approximately substituted by the aggregation of deposit money banks and specific monetary institutions. Similarly, data of other financial corporations could be substituted by data of other financial institutions before 2005.

2.14 2 财务公司资产负债表（负债）
Balance Sheet of Finance Companies (Liabilities)

单位：亿元
Unit: 100 Million Yuan

时间 Time	对非金融机构及住户负债 Liabilities to Non-financial Institutions & Households								对中央银行负债 Liabilities to Central Bank
		纳入广义货币的存款 Deposits Included in Broad Money				不纳入广义货币的存款 Deposits Excluded from Broad Money		其他负债 Other Liabilities	
			企业活期存款 Demand Deposits of Enterprises	企业定期存款 Time Deposits of Enterprises	居民储蓄存款 Household Savings Deposits		可转让存款 Transferable Deposits	其他存款 Other Deposits		
2013	18861	18543	9519	9024	0	309	250	59	9	116
2014	23943	23486	12739	10743	5	446	322	125	11	113
2015.03	21364	20741	9755	10983	4	613	475	137	9	123
2015.06	23648	23147	11970	11174	3	492	330	162	9	110
2015.09	25909	25319	12356	12961	2	581	364	217	9	110
2015.12	31549	30872	17150	13720	2	667	489	178	11	125
2016.03	28440	27798	13876	13920	2	633	451	182	9	118
2016.06	30266	29579	14851	14726	2	679	439	240	9	124
2016.09	32132	31278	15006	16269	2	847	528	319	8	143
2016.12	37338	36203	19687	16514	2	1124	865	259	11	186
2017.03	33082	32111	15309	16799	3	962	682	279	9	158
2017.06	34184	33179	16572	16603	4	984	713	271	21	182
2017.09	37391	36370	17604	18762	4	988	680	308	33	176
2017.12	45515	44086	23909	20172	5	1416	992	424	14	205
2018.03	39022	37979	17102	20872	5	1030	643	387	13	173
2018.06	41590	40611	19261	21344	6	952	608	344	27	175
2018.09	45695	44717	20866	23843	7	950	535	415	29	195
2018.12	50446	49222	27699	21516	7	1205	760	446	18	302
2019.03	43598	42661	21135	21519	7	920	544	376	17	264
2019.06	46118	45189	23477	21704	8	912	558	354	17	247
2019.09	47594	46662	22649	24006	8	916	495	420	16	209
2019.12	56233	54881	31964	22908	8	1335	901	434	17	235
2020.03	49753	48789	24770	24012	8	950	597	353	14	291
2020.06	53205	52140	27748	24384	8	1052	697	354	14	304
2020.09	51148	49897	23981	25909	7	1236	710	526	15	379

2.14 2 财务公司资产负债表（负债）
Balance Sheet of Finance Companies (Liabilities)

单位：亿元
Unit: 100 Million Yuan

时间 Time	对其他存款性公司负债* Liabilities to Other Depository Corporations*	对其他金融性公司负债* Liabilities to Other Financial Corporations*	计入广义货币的存款 Deposits Included in Broad Money	国外负债 Foreign Liabilities	债券发行 Bonds Issue	实收资本 Paid-in Capital	其他负债 Other Liabilities	总负债 Total Liabilities
2013	556	59	47	0	161	2447	1813	24014
2014	617	64	36	8	189	2878	2337	30149
2015.03	683	98	63	15	189	3004	2617	28092
2015.06	585	117	84	35	190	3097	2675	30457
2015.09	339	148	113	33	190	3284	2608	32622
2015.12	647	200	105	31	191	3604	2814	39161
2016.03	587	132	102	26	191	3733	2930	36158
2016.06	732	139	96	19	190	3798	3007	38275
2016.09	530	136	100	16	186	3996	3104	40243
2016.12	525	144	110	14	206	4299	3270	45982
2017.03	634	178	139	10	226	4530	3438	42258
2017.06	893	371	160	6	197	4716	3491	44039
2017.09	569	319	174	6	192	4907	3686	47246
2017.12	655	253	151	9	95	5129	3893	55755
2018.03	832	271	176	10	86	5217	4213	49824
2018.06	939	267	171	24	79	5368	4309	52751
2018.09	809	305	215	23	78	5472	4448	57026
2018.12	755	264	148	25	77	5615	4694	62177
2019.03	1119	342	166	18	77	5677	5147	56242
2019.06	1144	436	179	12	60	5816	5505	59337
2019.09	889	348	190	7	60	5901	5401	60407
2019.12	808	389	265	8	10	6122	5662	69467
2020.03	1402	409	220	3	10	6193	5892	63954
2020.06	1079	369	230	0	101	6344	5971	67374
2020.09	1140	435	166	0	60	6632	6039	65833

* 见第 53 页脚注。
* See footnote on page 53.

3.1 金融统计数据报告

2020年前三季度金融统计数据报告

一、前三季度社会融资规模增量为29.62万亿元

初步统计，2020年前三季度社会融资规模增量累计为29.62万亿元，比上年同期多9.01万亿元。其中，对实体经济发放的人民币贷款增加16.69万亿元，同比多增2.79万亿元；对实体经济发放的外币贷款折合人民币增加3052亿元，同比多增3863亿元；委托贷款减少3190亿元，同比少减3264亿元；信托贷款减少4137亿元，同比多减3059亿元；未贴现的银行承兑汇票增加5676亿元，同比多增1.09万亿元；企业债券净融资4.1万亿元，同比多1.65万亿元；政府债券净融资6.73万亿元，同比多2.74万亿元；非金融企业境内股票融资6099亿元，同比多3756亿元。

从结构看，2020年前三季度对实体经济发放的人民币贷款占同期社会融资规模的56.3%，同比低11.1个百分点；对实体经济发放的外币贷款占比为1%，同比高1.4个百分点；委托贷款占比为-1.1%，同比高2个百分点；信托贷款占比为-1.4%，同比低0.9个百分点；未贴现的银行承兑汇票占比为1.9%，同比高4.4个百分点；企业债券占比为13.8%，同比高1.9个百分点；政府债券占比为22.7%，同比高3.4个百分点；非金融企业境内股票融资占比为2.1%，同比高1个百分点。

二、广义货币增长10.9%，狭义货币增长8.1%

9月末，广义货币(M2)余额为216.41万亿元，同比增长10.9%，增速分别比上月末和上年同期高0.5个和2.5个百分点；狭义货币(M1)余额为60.23万亿元，同比增长8.1%，增速分别比上月末和上年同期高0.1个和4.7个百分点；流通中货币(M0)余额为8.24万亿元，同比增长11.1%。2020年前三季度净投放现金5181亿元。

三、前三季度人民币贷款增加16.26万亿元，外币贷款增加1125亿美元

9月末，本外币贷款余额为175.49万亿元，同比增长12.8%。9月末，人民币贷款余额为169.37万亿元，同比增长13%，增速与上月末持平，比上年同期高0.5个百分点。

前三季度，人民币贷款增加16.26万亿元，同比多增2.63万亿元。分部门看，住户部门贷款增加6.12万亿元，其中，短期贷款增加1.53万亿元，中长期贷款增加4.6万亿元；企（事）业单位贷款增加10.56万亿元，其中，短期贷款增加2.71万亿元，中长期贷款增加7.25万亿元，票据融资增加4368亿元；非银行业金融机构贷款减少4720亿元。9月，人民币贷款增加1.9万亿元，同比多增2047亿元。

9月末，外币贷款余额8994亿美元，同比增长12.5%。前三季度外币贷款增加1125亿美元，同比多增1076亿美元。9月，外币贷款减少34亿美元，同比少减18亿美元。

四、前三季度人民币存款增加18.15万亿元，外币存款增加909亿美元

9月末，本外币存款余额为216.86万亿元，同比增长10.7%。9月末，人民币存款余额为211.08万亿元，同比增长10.7%，增速分别比上月末和上年同期高0.4个和2.4个百分点。

前三季度，人民币存款增加18.15万亿元，同比多增4.93万亿元。其中，住户存款增加9.95万亿元，非金融企业存款增加5.49万亿元，财政性存款增加6278亿元，非银行业金融机构存款增加4765亿元。9月，人民币存款增加1.58万亿元，同比多增8633亿元。

9月末，外币存款余额为8487亿美元，同比增长15.9%。前三季度，外币存款增加909亿美元，同比多增862亿美元。9月，外币存款增加292亿美元，同比多增279亿美元。

五、9月银行间人民币市场同业拆借月加权平均利率为1.8%，质押式债券回购月加权平均利率为1.93%

前三季度，银行间人民币市场以拆借、现券和回购方式合计成交 1041.68万亿元，日均成交5.54万亿元，日均成交同比增长17.5%。其中，同业拆借日均成交同比下降2.7%，现券日均成交同比增长25.4%，质押式回购日均成交同比增长19.8%。

9月，同业拆借加权平均利率为1.8%，分别比上月和上年同期低0.24个和0.75个百分点；质押式回购加权平均利率为1.93%，分别比上月和上年同期低0.13个和0.63个百分点。

六、国家外汇储备余额3.14万亿美元

9月末，国家外汇储备余额为3.14万亿美元。9月末，人民币汇率为1美元兑6.8101元人民币。

注1：社会融资规模增量是指一定时期内实体经济从金融体系获得的资金额。数据来源于中国人民银行、中国银行保险监督管理委员会、中国证券监督管理委员会、中央国债登记结算有限责任公司、银行间市场交易商协会等部门。

注2：自2019年12月起，中国人民银行进一步完善社会融资规模统计，将"国债"和"地方政府一般债券"纳入社会融资规模统计，与原有"地方政府专项债券"合并为"政府债券"指标。指标数值为托管机构的托管面值。自2019年9月起，中国人民银行完善"社会融资规模"中的"企业债券"统计，将"交易所企业资产支持证券"纳入"企业债券"指标。自2018年9月起，中国人民银行将"地方政府专项债券"纳入社会融资规模统计。自2018年7月起，中国人民银行完善社会融资规模统计方法，将"存款类金融机构资产支持证券"和"贷款核销"纳入社会融资规模统计，在"其他融资"项下单独列示。

注3：文内同比数据为可比口径。

3.1 Financial Statistics Data Report

Report on Financial Statistics of the First Three Quarters in 2020

1. China's aggregate financing to the real economy (AFRE, flow) amounted to 29.62 trillion yuan in the first three quarters of 2020

According to preliminary statistics, AFRE(flow) reached 29.62 trillion yuan in the first three quarters of 2020, 9.01 trillion yuan more than that in the same period of the previous year. In particular, new RMB loans to the real economy increased by 16.69 trillion yuan, up 2.79 trillion yuan year on year; new foreign currency-denominated loans to the real economy increased by 305.2 billion yuan, up 386.3 billion yuan year on year; new entrusted loans decreased by 319 billion yuan, up 326.4 billion yuan year on year; new trust loans decreased by 413.7 billion yuan, down 305.9 billion yuan year on year; undiscounted banker's acceptances increased by 567.6 billion yuan, up 1.09 trillion yuan year on year; new net bond financing of enterprises rose 4.1 trillion yuan, up 1.65 trillion yuan year on year; net financing of government bonds rose 6.73 trillion yuan, up 2.74 trillion yuan year on year; financing by domestic non-financial companies via the domestic stock market was 609.9 billion yuan, up 375.6 billion yuan year on year.

From a structural point of view, new RMB loans to the real economy accounted for 56.3 percent in the AFRE(flow), down 11.1 percentage points year on year; new foreign currency-denominated loans to the real economy accounted for 1 percent, up 1.4 percentage points year on year; new entrusted loans accounted for minus 1.1 percent, up 2 percentage points year on year; new trust loans accounted for minus 1.4 percent, down 0.9 percentage point year on year; new undiscounted banker's acceptances accounted for 1.9 percent, up 4.4 percentage points year on year; new net bond financing of enterprises accounted for 13.8 percent, up 1.9 percentage points year on year; net financing of government bonds accounted for 22.7 percent, up 3.4 percentage points year on year; financing by domestic non-financial companies via the domestic stock market accounted for 2.1 percent, up 1 percentage point year on year.

2. Broad money(M2) and narrow money (M1) rose by 10.9 percent and 8.1 percent respectively

At end-September, broad money (M2) stood at 216.41 trillion yuan, increased by 10.9 percent year on year, up 0.5 percentage point a month earlier and 2.5 percentage points year on year. Narrow money (M1) registered 60.23 trillion yuan, increased by 8.1 percent year on year, up 0.1 percentage point a month earlier and 4.7 percentage points year on year. Currency in circulation (M0) was 8.24 trillion yuan, increased by 11.1 percent year on year. The first three quarters of 2020 saw a net money injection of 518.1 billion yuan.

3. RMB loans increased by 16.26 trillion yuan and foreign currency loans increased by US$112.5 billion respectively in the first three quarters

At end-September, outstanding RMB and foreign currency loans registered 175.49 trillion yuan, up 12.8 percent year on year. Outstanding RMB loans grew by 13 percent year on year to 169.37 trillion yuan, the same as a month earlier and up 0.5 percentage point year on year.

RMB loans increased by 16.26 trillion yuan in the first three quarters, up 2.63 trillion yuan year on year. By sector, household loans increased by 6.12 trillion yuan, with short-term loans increased by 1.53 trillion yuan and medium-and-long-term loans increased by 4.6 trillion yuan; loans to non-financial enterprises and other sectors increased by 10.56 trillion yuan, with short-term loans increased by 2.71 trillion yuan, and medium-and-long-term loans increased by 7.25 trillion yuan, bill financing increased by 436.8 billion yuan; loans to non-banking financial institutions decreased by 472 billion yuan. For the month of September, RMB loans saw an increase of 1.9 trillion yuan, up 204.7 billion yuan year on year.

At end-September, outstanding foreign currency loans registered US$899.4 billion, up 12.5 percent year on year. Foreign currency loans increased by US$112.5 billion in the first three quarters of 2020, up US$107.6 billion year on year and decreased by US$3.4 billion in September, up US $1.8 billion year on year.

4. RMB deposits increased by 18.15 trillion yuan and foreign currency deposits increased by US$90.9 billion in the first three quarters

At end-September, the outstanding amount of RMB and foreign currency deposits registered 216.86 trillion yuan, up 10.7 percent year on year. RMB deposits registered 211.08 trillion yuan, increased by 10.7 percent year on year, up 0.4 percentage point a month earlier and 2.4 percentage points year on year.

RMB deposits expanded by 18.15 trillion yuan in the first three quarters, 4.93 trillion yuan more than that recorded for the same period of last year. By sector, household deposits increased by 9.95 trillion yuan; deposits of non-financial enterprises increased by 5.49 trillion yuan; fiscal deposits increased by 627.8 billion yuan; deposits of non-banking financial institutions increased by 476.5 billion yuan. For the month of September, RMB deposits saw an increase of 1.58 trillion yuan, up 863.3 billion yuan year on year.

At end-September, the outstanding amount of foreign currency deposits was US$848.7 billion, up 15.9 percent year on year. Foreign currency deposits increased by US$90.9 billion in the first three quarters, up US$86.2 billion year on year and increased by US$29.2 billion in September, up US$27.9 billion year on year.

5. The monthly weighted average interbank lending rate for September stood at 1.8 percent and the monthly weighted average interest rate on bond pledged repo stood at 1.93 percent

In the first three quarters, lending, spot trading and bond repo transactions in the interbank RMB market totaled 1041.68 trillion yuan. The average daily turnover was 5.54 trillion yuan, up 17.5 percent year on year. In particular, the average daily turnover of interbank lending decreased by 2.7 percent, the average daily turnover of spot trading and bond pledged repo increased by 25.4 percent and 19.8 percent year on year, respectively.

The monthly weighted average interbank lending rate for September stood at 1.8 percent, down 0.24 percentage point a month earlier and 0.75 percentage point year on year. The monthly weighted average interest rate on bond pledged repo registered 1.93 percent, down 0.13 percentage point a month earlier and 0.63 percentage point year on year.

6. Official foreign exchange reserves stood at US$3.14 trillion

At end-September, China's foreign exchange reserves stood at US$3.14 trillion and the RMB exchange rate was 6.8101 yuan per US dollar.

Note 1: AFRE (flow) refers to the total volume of financing provided by the financial system to the real economy during a certain period of time. In the calculation of AFRE, data are from the PBC, CBIRC, CSRC, CCDC and NAFMII.

Note 2: Since December 2019, the PBC has made further efforts to improve the statistical method of AFRE. "Treasury Bonds" and "Local Government General Bonds" have been newly introduced into AFRE and have merged with "Local Government Special Bonds" into "Government Bonds",which is recorded at face value at depositories. Since September 2019, the PBC has improved the statistics of "Net Financing of Corporate Bonds" in AFRE, and has incorporated "Assetbacked Securities of Non-Financial Enterprises" into "Net Financing of Corporate Bonds". Since September 2018, the PBC has incorporated "Local Government Special Bonds" into AFRE. Since July 2018, the PBC has improved the statistical method of AFRE, and has incorporated "Asset-backed Securities of Depository Financial Institutions" and "Loans Written off" into AFRE, which is reflected as a sub-item of "Other Financing".

Note 3: The year-on-year data are calculated on a comparative basis.

3.2 景气状况分析：2020 年三季度
Business Climate Analysis: 2020 Q3

"融资难、融资贵"的企业占比创历史新低
The Proportion of the Enterprises with Difficulties in Accessing Affordable Financing Hits the Record

第 117 次企业家问卷调查[1]统计显示，2020 年三季度，主要生产经营指标均比上季度有所回升，企业设备及劳动力利用水平已高于疫情前水平。企业国内订单继续增长，出口订单下降趋缓，投资支出和意愿均明显高于上年同期。企业资金周转状况好转，银行贷款利率水平继续下降；认为"融资难、融资贵"的企业占比创历史新低。

企业景气指数[*2]为 49.4%，比上季度提高 6.6 个百分点（见企业景气指数趋势图）。

调查的 27 个行业中，企业景气指数高于全国平均水平的有 14 个行业，分别为：（1）金属矿采选业；（2）食饮烟业；（3）医药制造业；（4）橡胶制品业；（5）塑料制品业；（6）非金属矿物品业；（7）黑色金属冶炼及压延加工业；（8）有色金属冶炼及压延加工业；（9）金属制品业；（10）机械设备制造业；（11）电气机械及家电制造业；（12）电子及通信设备制造业；（13）仪器仪表制造业；（14）电气热业。

According to the result of the 117th Entrepreneur's Questionnaire Survey[1], in 2020 Q3, several key indices for production and business conditions recovered. Utilization levels of equipment and labor force for enterprises were higher than those before the epidemic outbreak. Investment willingness of enterprises was well above the levels seen in the same period of last year due to the steady increase in orders. Under the collective effect of the enhanced corporate cash flow, as well as the declined banking lending rate ,the proportion of the enterprises with difficulties in accessing affordable financing hits the record.

The Climate Index of Enterprises[*2] decreased to 49.4%, up by 6.6 percentage points from the previous quarter (See the tendency chart of enterprises climate index).

The climate indices of 14 industries out of 27 surveyed industries surpassed the national average, which includes: (1) Metals Mining and Dressing; (2) Manufacture of Food, Beverage and Tobacco; (3) Medical and Pharmaceutical Products; (4)Rubber Products; (5)Plastic Products; (6) Nonmetal Mineral Products; (7)Smelting and Pressing of Ferrous Metals; (8) Smelting and Pressing of Nonferrous Metals; (9) Fabricated Metal Product; (10) Equipment Manufacturing; (11) Electric Equipment and Machinery; (12)Communication Equipment, Computers and Other Electronic Equipment Production; (13) Instruments and Meters Machinery; (14) Power, Gas and Heat Production and Supply.

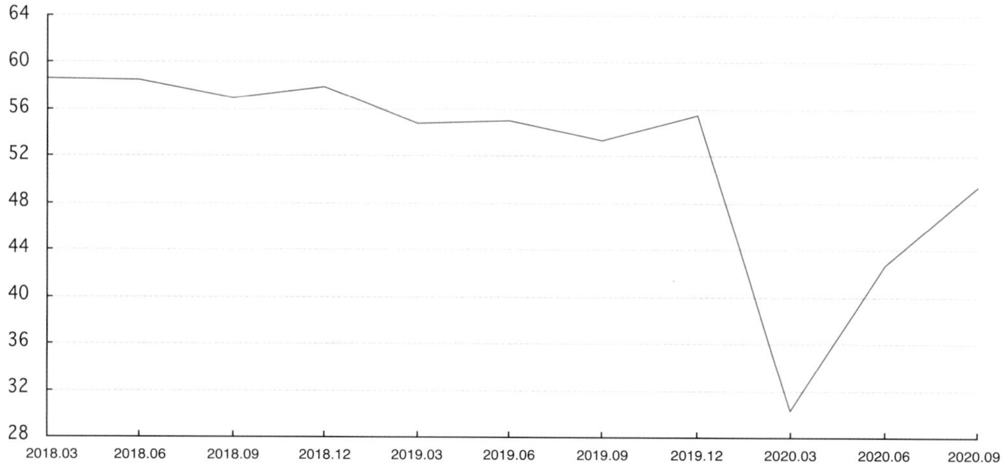

企业景气指数趋势图
The Trend of Climate Index of Enterprises

① 始自 1992 年的中国人民银行企业家问卷调查系统，截至 2020 年三季度已连续进行了 117 次调查。2020 年三季度企业家问卷调查，共汇总有效问卷 5000 余份。
① The PBC Entrepreneurs Questionnaire Survey System started as of 1992 and this is the 117th Questionnaire Survey conducted in 2020 Q3. There are more than 5000 effective questionnaires for this quarter.
② 景气指数又称扩散指数(DI)，是对景气调查中定性指标的量化描述，用于反映该指标所处的状态，以 % 为单位（百分化以后），其数值为 0 ~ 100。一般而言，指数上升可反映企业经营环境在改善，企业家的信心在增强，指数下降则相反。
② Climate Index of Diffusion Index (DI), is a quantitative indicator for qualitative answers to questions in the questionnaire, which is used to explain the status of the qualitative questions. Measured in percent, the index ranges from 0 to 100. Generally speaking, it shows that business condition is improving and entrepreneurs' confidence turns upward when DI ascends, and vice versa.
* 原称为"企业总体经营指数"，也称为"企业经营景气指数"。
* The former name of the "Climate Index of Enterprises" is the "General Business Condition Index".

3.3 宏观经济

Macroeconomics

2020 年三季度宏观经济运行监测

China's Macroeconomic Performance in 2020 Q3

2020 年三季度，我国经济运行有所回暖。经济有所复苏，宏观经济热度回升，企业效益开始改善，固定资产投资和消费增速回升，进出口增速降幅受收窄。CPI 稳中回落，财政收支降幅收窄。

In the third quarter of 2020, economic recovery was picking up. The activity of economic was warming up, the benefit of enterprise had risen up. The growth rate of fixed asset investment and consumption were both rising up. Growth in exports and imports was continually improving. Inflationary pressure was mild. Growth in fiscal revenue and fiscal expenditure both rose up.

经济有所复苏，宏观经济热度回升。2020 年三季度，GDP 同比增长 4.9%，比上季度高 1.7 个百分点，比上年同期低 1.8 个百分点。企业家宏观经济热度指数为 27.2%，比上季度高 8.4 个百分点，比上年同期低 4.7 个百分点。银行家宏观经济热度指数为 25.6%，比上季度高 12.7 个百分点。

Economic growth recovered and macroeconomic activity index rise. 2020 Q3 witnessed a GDP growth of 4.9% on a year-on-year basis, when measured in constant prices, and up 1.7 percentage points compared to the previous quarter, and down 1.8 percentage points compared to the corresponding period of last year. The entrepreneur macroeconomic activity index was 27.2% in 2020 Q3, up 8.4 percentage points compared to the previous quarter and down 4.7 percentage points compared to the corresponding period of last year. The banker macroeconomic activity index was 25.6%, up 12.7 percentage points compared to the previous quarter.

工业生产有所回升，企业效益开始改善。2020 年前三季度，全国规模以上工业增加值同比增长 1.2%，增速比上年同期低 4.4 个百分点。9 月，全国规模以上工业增加值同比增加 6.9%，增速与上月持平。发电量累计同比增长 0.9%，增速比上年同期低 2.1 个百分点。2020 年前三季度，全国规模以上工业企业实现利润 43665 亿元，按可比口径同比下降 2.4%，降幅比上年同期扩大 0.3 个百分点。

The growth rate of industrial production became fast, and profitability of enterprises had rose up. In the first three quarters of 2020, the value-added of statistically large enterprises grew 1.2% on a year-on-year basis, down 4.4 percentage points compared to the same period of last year. The value-added of statistically large enterprises grew 6.9% on a year-on-year basis in September 2020, the same as the previous month. Power generation increased by 0.9%, down 2.1 percentage points compared to the corresponding period of last year. The profits of statistically large enterprises post 4366.5 billion yuan, which was registered a year-on-year growth rate of -2.4%, down 0.3 percentage point compared to the corresponding period of last year.

固定资产投资和消费增速回升。2020 年前三季度，固定资产投资（不含农户）完成 43.7 万亿元，名义同比增长 0.8%，增速比上年同期低 4.6 个百分点。其中，房地产开发投资 103484 亿元，同比增长 5.6%，增速比上年同期低 4.9 个百分点。2020 年前三季度，社会消费品零售总额为 27.3 万亿元，名义同比下降 7.2%，增速比上年同期低 15.4 个百分点；扣除价格因素后，实际下降 9.2%，增速比上年同期低 15.6 个百分点。

Growth in fixed asset investment (FAI) and consumption rose up. Fixed asset investment (excluding those from rural households) reached 43.7 trillion yuan in the first third quarters, a year-on-year growth of 0.8% in nominal terms, down 4.6 percentage points compared to the corresponding period of last year. Real estate development investment, which is a part of FAI, was 10.3 trillion yuan, grew 5.6% year on year, down 4.9 percentage points compared to the corresponding period of last year. Retail sales of consumer goods totaled 27.3 trillion yuan, a year-on-year growth of -7.2% in nominal terms, down 15.4 percentage points compared to the corresponding period of last year, and -9.2% in real terms, down 15.6 percentage points compared to the corresponding period of last year.

进出口增速降幅受收窄。2020 年前三季度，进出口总额为 32967 亿美元，同比下降 1.8%。其中出口 18114 亿美元，同比下降 0.8%，比上年同期低 0.8 个百分点；进口 14853 亿美元，同比下降 3.1%，比上年同期高 1.6 个百分点；贸易顺差 3261 亿美元，同比扩大 10.8%。

Growth in exports and imports declined continually, and trade surplus enlarged. In the first three quanters of 2020, exports and imports posted 3.3 trillion USD, grew by -1.8% year on year. Exports posted 1.8 trillion USD, grew by -0.8% year on year, down 0.8 percentage point compared to the corresponding period of last year. Imports posted 1485.3 billion USD, grew by -3.1% year on year, up 1.6 percentage points compared to the corresponding period of last year. The trade surplus was 326.1 billion USD, enlarged by 10.8% year on year.

CPI 涨幅回落。2020 年前三季度，CPI 同比上涨 3.3%，比上年同期高 0.8 个百分点。9 月，CPI 同比上涨 1.7%，主要受生鲜食品价格回落影响。2020 年前三季度，PPI 同比涨幅为 –2.1%，比上年同期低 0.9 个百分点；9 月同比涨幅为 –3.0%，与上月持平。中国人民银行监测的 CGPI 9 月同比下降 1.3%，比上月低 0.2 个百分点。

Year-on-year growth in CPI was mild. The year-on-year growth rate of CPI was 3.3% in the first three quanters, up 0.8 percentage point compared to the corresponding period of last year. CPI grew by 1.7% on a year-on-year basis in September. PPI grew by -2.1% on a year-on-year basis in the first three quarters, down 0.9 percentage point compared to the corresponding period of last year. PPI grew by -3.0% on a year-on-year basis in September, the same as last month. The growth rate in CGPI was -1.3% on a year-on-year basis in September, down 0.2 percentage point compared to last month.

财政收支降幅收窄。2020 年前三季度，全国财政收入 141002 亿元，同比下降 6.4%，增速比上年同期低 9.7 个百分点，其中税收收入 118876 亿元，同比下降 6.4%。全国财政支出 175185 亿元，同比下降 1.9%，增速比上年同期低 11.3 个百分点。2020 年前三季度，全国财政收支赤字为 34183 亿元，比上年同期多 6249 亿元。

Growth in fiscal revenue and fiscal expenditure both rose up. Fiscal revenue registered 14.1 trillion yuan in the first three quarters, grew by -6.4% on a year-on-year basis, down 9.7 percentage points compared to the corresponding period of last year. Tax revenue, a component of fiscal revenue, posted 11.9 trillion yuan, which grew by -6.4% on a year-on-year basis. Fiscal expenditures registered 17.5 trillion yuan, grew by -1.9% on a year-on-year basis, down 11.3 percentage points compared to the corresponding period of last year. Fiscal deficit was 3.4 trillion yuan in the first half, 624.9 billion yuan more than the corresponding period of last year.

在当前形势下，应在稳健货币政策的总基调下，综合运用数量型和价格型货币政策工具调控流动性，密切关注经济形势和就业形势的变化，增强货币政策的灵活性和前瞻性，促进国民经济持续健康发展。

Against the background, the PBC should continue its sound monetary policy, use appropriate pricing and quantity tools for monetary policy, pay close attention to changes in economy and employment, enhanced flexibility and forward-looking of the monetary policy, in order to realize the sustainable and health development of national economy.

4.1 全国银行间同业拆借交易统计表
Statistics of Interbank Lending

单位：亿元，%
Unit: 100 Million Yuan，%

时间 Time	1天 1-day		7天 7-day		14天 14-day	
	交易量 Trading Volume	加权平均利率 Weighted Average Interest Rate	交易量 Trading Volume	加权平均利率 Weighted Average Interest Rate	交易量 Trading Volume	加权平均利率 Weighted Average Interest Rate
2013	289636		44024		11579	
2014	294983		61061		11767	
2015	539953		76974		15305	
2016	839763		92765		12771	
2017	679807		80521		12750	
2018.01	93171	2.69	10728	3.17	1060	3.89
2018.02	73939	2.61	7741	3.26	1509	3.96
2018.03	103998	2.66	8921	3.39	771	4.00
2018.04	73557	2.67	8430	3.57	487	4.05
2018.05	105699	2.63	8905	3.31	711	3.73
2018.06	87492	2.62	9190	3.51	610	3.88
2018.07	110556	2.39	8821	3.18	563	3.00
2018.08	141082	2.23	8799	3.03	1116	2.76
2018.09	120855	2.52	7417	3.33	2704	3.19
2018.10	107791	2.35	7110	3.20	1021	2.71
2018.11	127077	2.43	8521	3.17	1265	2.73
2018.12	110241	2.46	8361	3.57	1062	3.54
2019.01	133759	2.07	8504	3.19	735	2.89
2019.02	103760	2.12	8277	3.03	895	2.63
2019.03	138424	2.35	9415	3.20	1388	2.93
2019.04	137262	2.35	10236	3.18	1641	3.02
2019.05	139085	2.17	7904	3.23	917	2.70
2019.06	116137	1.60	6241	3.17	351	2.94
2019.07	129006	2.00	8527	3.08	884	2.65
2019.08	105474	2.60	8283	3.20	768	2.85
2019.09	94081	2.47	8746	3.16	2328	2.97
2019.10	85192	2.49	8094	3.13	788	2.88
2019.11	101685	2.22	7359	3.05	537	2.88
2019.12	102337	1.98	9016	3.01	667	3.21
2020.01	90053	1.88	6772	3.00	1272	2.84
2020.02	57690	1.63	10234	2.69	884	2.67
2020.03	140449	1.31	10539	2.28	1105	1.96
2020.04	175936	1.05	11278	1.93	1471	1.54
2020.05	135179	1.19	9882	1.98	557	1.60
2020.06	111455	1.79	9771	2.36	787	2.26
2020.07	121028	1.83	10391	2.46	1041	2.26
2020.08	104086	1.98	8243	2.55	827	2.45
2020.09	118055	1.70	8618	2.60	2315	2.89

4.1 全国银行间同业拆借交易统计表
Statistics of Interbank Lending

单位：亿元，%
Unit: 100 Million Yuan，%

时间 Time	21天 21-day		1个月 1-month		2个月 2-month	
	交易量 Trading Volume	加权平均利率 Weighted Average Interest Rate	交易量 Trading Volume	加权平均利率 Weighted Average Interest Rate	交易量 Trading Volume	加权平均利率 Weighted Average Interest Rate
2013	1828		5070		1034	
2014	899		4665		1237	
2015	1372		4243		1006	
2016	2209		4463		2129	
2017	3126		5079		5063	
2018.01	226	4.23	264	4.32	347	4.78
2018.02	319	4.16	309	4.11	445	4.43
2018.03	115	4.68	246	4.48	296	4.75
2018.04	116	4.34	412	3.95	289	4.18
2018.05	180	3.96	984	3.78	349	4.21
2018.06	132	4.60	151	4.35	179	4.84
2018.07	61	3.46	274	3.16	249	3.46
2018.08	121	2.89	521	2.75	289	3.00
2018.09	1243	2.81	381	3.40	750	3.18
2018.10	461	2.76	564	2.90	211	3.07
2018.11	492	2.75	408	2.88	505	3.05
2018.12	674	3.04	524	3.46	296	3.95
2019.01	393	3.03	381	2.95	225	3.41
2019.02	74	2.60	311	2.76	548	2.77
2019.03	186	2.98	674	2.97	277	2.90
2019.04	257	2.90	395	2.91	177	3.11
2019.05	127	2.95	228	3.01	349	3.05
2019.06	71	3.11	320	3.31	231	3.51
2019.07	92	2.66	504	2.75	96	3.38
2019.08	91	2.85	192	3.26	174	3.21
2019.09	870	3.04	488	3.23	336	3.32
2019.10	137	2.96	393	3.17	200	3.40
2019.11	61	2.94	285	3.39	729	3.17
2019.12	269	3.30	390	3.30	273	3.48
2020.01	346	2.94	719	2.85	88	3.62
2020.02	80	2.67	532	2.91	336	3.32
2020.03	152	2.06	536	2.53	116	3.00
2020.04	163	1.78	470	1.71	240	1.91
2020.05	87	1.54	597	1.64	94	2.02
2020.06	115	2.48	502	2.23	198	2.60
2020.07	63	2.43	756	2.37	168	2.49
2020.08	109	2.50	1229	2.45	90	2.98
2020.09	412	2.93	567	2.92	174	3.35

4.1 全国银行间同业拆借交易统计表
Statistics of Interbank Lending

单位：亿元，%
Unit: 100 Million Yuan，%

时间 Time	3个月 3-month		4个月 4-month		6个月 6-month	
	交易量 Trading Volume	加权平均利率 Weighted Average Interest Rate	交易量 Trading Volume	加权平均利率 Weighted Average Interest Rate	交易量 Trading Volume	加权平均利率 Weighted Average Interest Rate
2013	1748		67		119	
2014	1670		60		100	
2015	2445		120		146	
2016	3477		263		510	
2017	2180		475		377	
2018.01	232	5.18	90	5.03	77	5.20
2018.02	243	4.88	82	5.05	45	5.17
2018.03	238	5.42	32	5.10	99	5.25
2018.04	802	4.33	145	4.24	133	4.52
2018.05	431	4.51	12	4.73	38	4.70
2018.06	161	5.40	20	4.84	78	4.85
2018.07	463	3.81	71	3.61	76	3.70
2018.08	525	3.46	32	3.47	65	3.56
2018.09	231	4.32	12	3.79	95	3.90
2018.10	929	3.24	571	3.10	135	3.50
2018.11	567	3.59	59	3.38	48	3.94
2018.12	312	4.45	88	3.76	108	3.90
2019.01	414	3.82	140	2.94	22	3.53
2019.02	256	3.68	161	2.95	93	3.02
2019.03	360	4.00	63	2.97	39	3.33
2019.04	846	3.26	113	3.18	35	3.36
2019.05	660	3.42	17	3.19	34	3.27
2019.06	302	3.79	29	3.44	33	3.60
2019.07	489	3.44	16	3.33	20	3.77
2019.08	323	3.68	21	3.43	19	3.44
2019.09	289	3.78	18	3.63	36	3.23
2019.10	328	3.91	46	3.40	33	3.26
2019.11	425	3.73	21	3.82	81	3.63
2019.12	319	4.04	18	3.59	28	3.67
2020.01	461	3.56	28	3.79	38	4.01
2020.02	339	3.60	37	3.71	150	2.83
2020.03	430	3.26	39	3.58	66	3.15
2020.04	438	2.93	16	2.91	154	1.85
2020.05	519	2.41	7	2.18	71	1.82
2020.06	293	3.22	15	2.82	48	3.16
2020.07	473	3.37	10	2.85	53	2.93
2020.08	368	3.49	15	2.96	9	3.20
2020.09	292	3.75	12	3.47	65	3.46

4.1 全国银行间同业拆借交易统计表
Statistics of Interbank Lending

单位：亿元，%
Unit: 100 Million Yuan，%

时间 Time	9个月 9-month 交易量 Trading Volume	9个月 9-month 加权平均利率 Weighted Average Interest Rate	1年 1-year 交易量 Trading Volume	1年 1-year 加权平均利率 Weighted Average Interest Rate	交易量合计 Trading Volume	加权平均利率 Weighted Average Interest Rate
2013	2		83		355190	
2014	22		163		376626	
2015	17		553		642135	
2016	259		522		959131	
2017	103		329		789811	
2018.01	18	5.23	71	5.34	106283	2.78
2018.02	37	5.26	41	5.46	84710	2.73
2018.03	52	5.23	56	5.45	114825	2.74
2018.04	33	4.85	45	5.14	84450	2.81
2018.05	36	4.69	104	4.86	117448	2.72
2018.06	19	4.93	82	5.18	98113	2.73
2018.07	6	4.13	53	4.02	121193	2.47
2018.08	44	3.54	59	3.68	152655	2.29
2018.09	14	4.40	33	4.43	133735	2.59
2018.10	13	3.77	22	4.37	118827	2.42
2018.11	5	4.62	33	4.32	138981	2.49
2018.12	47	3.90	53	4.25	121766	2.57
2019.01	8	3.45	52	3.86	144633	2.15
2019.02	8	3.27	85	3.68	114468	2.20
2019.03	23	3.50	50	3.67	150897	2.42
2019.04	15	3.68	91	3.42	151069	2.43
2019.05	84	3.29	130	3.50	149536	2.24
2019.06	5	3.70	15	3.72	123735	1.70
2019.07	11	3.57	19	3.75	139664	2.08
2019.08	8	3.27	2	4.12	115354	2.65
2019.09	4	3.43	17	3.80	107214	2.55
2019.10	5	3.31	26	3.39	95241	2.56
2019.11	7	3.56	23	4.12	111214	2.29
2019.12	2	4.14	28	4.15	113346	2.09
2020.01	9	3.70	28	3.92	99814	1.99
2020.02	9	3.80	31	3.96	70323	1.83
2020.03	29	3.58	53	3.61	153514	1.40
2020.04	163	2.09	188	2.02	190517	1.11
2020.05	17	2.51	31	2.90	147042	1.25
2020.06	18	2.60	39	3.04	123241	1.85
2020.07	7	2.82	17	3.36	134008	1.90
2020.08	8	3.32	13	3.70	114997	2.04
2020.09	3	3.35	20	3.55	130532	1.80

4.2 全国银行间质押式回购交易统计表
Statistics of Interbank Pledged Repo

单位：亿元，%
Unit: 100 Million Yuan，%

时间 Time	1天 1-day		7天 7-day		14天 14-day	
	交易量 Trading Volume	加权平均利率 Weighted Average Interest Rate	交易量 Trading Volume	加权平均利率 Weighted Average Interest Rate	交易量 Trading Volume	加权平均利率 Weighted Average Interest Rate
2013	1201735		196620		64787	
2014	1669081		300413		96061	
2015	3700895		461541		114361	
2016	4861135		618755		138334	
2017	4747267		763744		236560	
2018.01	462802	2.70	81105	3.23	14793	4.16
2018.02	298454	2.60	57077	3.09	29302	4.07
2018.03	490196	2.68	79215	3.33	23288	4.59
2018.04	370736	2.86	81666	3.59	17505	4.68
2018.05	455390	2.65	78832	3.22	17147	3.79
2018.06	425911	2.62	86074	3.46	19327	4.66
2018.07	545183	2.34	69676	2.74	12928	3.01
2018.08	661308	2.18	67747	2.57	14228	2.80
2018.09	492925	2.50	51496	2.69	39666	3.42
2018.10	479507	2.33	59300	2.66	12548	2.84
2018.11	600094	2.41	79599	2.70	14573	2.79
2018.12	500152	2.43	68357	3.22	28860	4.69
2019.01	630661	2.04	58535	2.58	26319	3.04
2019.02	427065	2.15	56512	2.64	19196	2.70
2019.03	579491	2.38	70527	2.85	21149	3.18
2019.04	591981	2.38	72584	2.75	24665	3.07
2019.05	600153	2.20	61450	2.68	15821	2.83
2019.06	525712	1.57	56339	2.55	16911	3.01
2019.07	664404	2.07	66926	2.66	14222	2.80
2019.08	608335	2.62	71830	2.79	14229	2.88
2019.09	541640	2.48	56792	2.71	41189	3.06
2019.10	488763	2.52	72170	2.76	11740	2.95
2019.11	621747	2.23	63031	2.70	12578	2.75
2019.12	621195	1.96	78612	2.69	20246	3.02
2020.01	480093	1.91	56664	2.70	30394	2.96
2020.02	390431	1.61	81360	2.42	21525	2.55
2020.03	792562	1.34	83982	2.07	22668	2.09
2020.04	902896	1.04	84987	1.60	26195	1.67
2020.05	749143	1.24	82192	1.67	14914	1.67
2020.06	650030	1.81	91967	2.19	25440	2.66
2020.07	740881	1.86	91873	2.25	15711	2.35
2020.08	717353	2.01	86960	2.38	14335	2.47
2020.09	750386	1.77	85481	2.33	46405	3.15

4.2 全国银行间质押式回购交易统计表
Statistics of Interbank Pledged Repo

单位：亿元，%
Unit: 100 Million Yuan，%

时间 Time	21天 21-day		1个月 1-month		2个月 2-month	
	交易量 Trading Volume	加权平均利率 Weighted Average Interest Rate	交易量 Trading Volume	加权平均利率 Weighted Average Interest Rate	交易量 Trading Volume	加权平均利率 Weighted Average Interest Rate
2013	14263		24745		8264	
2014	16051		22896		6722	
2015	11337		18661		5372	
2016	21404		23673		7801	
2017	56307		36925		27043	
2018.01	11214	4.62	3592	4.33	3668	4.67
2018.02	10942	4.34	5838	4.58	2092	4.31
2018.03	13771	4.79	2128	4.98	2749	4.86
2018.04	10703	4.68	2577	4.12	1543	4.23
2018.05	11985	4.50	2176	3.86	1497	4.25
2018.06	10791	4.68	2139	5.19	1700	5.09
2018.07	9656	4.00	3036	3.30	770	3.37
2018.08	9587	3.63	2674	2.71	858	3.05
2018.09	9473	3.50	6676	3.42	1808	3.33
2018.10	7111	3.15	1818	3.13	686	3.73
2018.11	7012	2.92	2634	2.74	1886	2.92
2018.12	12801	3.99	6651	4.05	2045	4.03
2019.01	13652	3.23	8869	3.20	5259	3.25
2019.02	6213	2.89	710	2.95	1730	2.89
2019.03	9247	3.08	5620	3.19	1082	3.16
2019.04	9628	2.99	3018	3.12	1574	3.09
2019.05	8132	2.92	1857	3.00	1202	3.08
2019.06	8937	3.27	3768	3.89	740	4.16
2019.07	8467	2.87	2556	3.17	514	3.50
2019.08	7054	2.94	2235	3.07	526	3.40
2019.09	10980	3.13	4581	3.10	2086	3.36
2019.10	6291	2.91	2392	3.20	616	3.34
2019.11	6277	2.87	2349	3.01	1066	3.23
2019.12	9369	3.09	5666	3.36	1561	3.47
2020.01	11416	3.22	7768	3.01	777	3.36
2020.02	7829	2.78	2094	2.89	1599	3.00
2020.03	9361	2.54	3481	2.39	492	2.73
2020.04	9052	2.11	3493	1.76	797	2.03
2020.05	8179	1.99	2276	1.73	607	1.90
2020.06	8763	2.18	3943	2.35	502	2.62
2020.07	8248	2.11	2375	2.48	602	2.70
2020.08	8056	2.19	2163	2.55	183	3.16
2020.09	15780	3.06	8256	2.83	2161	3.07

4.2 全国银行间质押式回购交易统计表
Statistics of Interbank Pledged Repo

单位：亿元，%
Unit: 100 Million Yuan，%

时间 Time	3个月 3-month		4个月 4-month		6个月 6-month	
	交易量 Trading Volume	加权平均利率 Weighted Average Interest Rate	交易量 Trading Volume	加权平均利率 Weighted Average Interest Rate	交易量 Trading Volume	加权平均利率 Weighted Average Interest Rate
2013	7068		613		1045	
2014	9854		1214		1464	
2015	10193		768		849	
2016	9346		679		743	
2017	8445		3533		1694	
2018.01	863	4.85	48	5.14	26	5.17
2018.02	665	4.49	89	4.90	24	5.03
2018.03	541	4.80	287	4.94	77	4.90
2018.04	666	4.37	173	4.34	53	4.59
2018.05	908	4.54	489	4.44	19	4.58
2018.06	648	4.63	343	4.48	33	4.58
2018.07	617	3.93	248	4.09	31	4.26
2018.08	829	3.23	98	3.43	85	3.40
2018.09	539	3.12	239	3.31	151	3.78
2018.10	647	3.22	137	3.25	27	3.95
2018.11	410	3.37	488	3.36	18	3.82
2018.12	366	3.87	248	3.74	109	3.64
2019.01	599	3.24	307	3.24	8	3.45
2019.02	319	2.91	363	3.14	26	3.48
2019.03	481	3.08	125	3.28	66	3.00
2019.04	877	3.00	69	3.21	18	3.69
2019.05	625	3.15	172	3.12	78	3.31
2019.06	307	3.60	207	3.33	213	3.41
2019.07	614	3.16	186	3.23	204	3.27
2019.08	434	3.11	298	3.20	50	3.32
2019.09	399	3.30	74	3.31	126	3.36
2019.10	196	3.46	373	3.16	150	3.31
2019.11	644	3.33	342	3.26	130	3.21
2019.12	466	3.49	248	3.38	263	3.22
2020.01	99	3.67	11	3.48	78	3.01
2020.02	902	2.98	167	3.26	251	2.78
2020.03	436	2.55	106	2.53	184	3.17
2020.04	522	2.32	166	2.60	62	2.24
2020.05	301	2.13	23	2.10	220	2.31
2020.06	357	2.54	275	2.33	76	2.33
2020.07	106	2.76	54	2.76	65	2.73
2020.08	189	2.97	70	2.87	22	2.92
2020.09	229	2.99	187	2.86	45	3.43

4.2 全国银行间质押式回购交易统计表
Statistics of Interbank Pledged Repo

单位：亿元，%
Unit: 100 Million Yuan，%

时间 Time	9个月 9-month		1年 1-year		交易量合计 Trading Volume	加权平均利率 Weighted Average Interest Rate
	交易量 Trading Volume	加权平均利率 Weighted Average Interest Rate	交易量 Trading Volume	加权平均利率 Weighted Average Interest Rate		
2013	234		384		1519757	
2014	123		311		2124191	
2015	60		73		4324109	
2016	84		740		5682693	
2017	777		309		5882606	
2018.01	3	5.26	14	5.28	578129	2.88
2018.02	3	5.18	6	5.29	404493	2.87
2018.03	26	4.75	7	5.12	612286	2.90
2018.04	3	4.92	24	5.21	485648	3.10
2018.05	1	5.28	1	5.39	568444	2.82
2018.06	69	5.12	12	5.01	547048	2.89
2018.07	10	5.15	7	4.23	642163	2.43
2018.08	20	3.39	4	3.89	757437	2.25
2018.09	1	3.80	1	3.75	602974	2.60
2018.10	0	5.20	1	3.65	561781	2.39
2018.11	2	3.88	2	4.14	706717	2.46
2018.12	12	3.65	4	3.80	619606	2.68
2019.01	7	4.17	8	4.01	744225	2.16
2019.02	1	3.00	2	3.78	512138	2.24
2019.03	10	3.22	3	3.34	687801	2.47
2019.04	6	4.49	6	3.74	704427	2.46
2019.05	6	4.43	4	3.71	689500	2.27
2019.06	4	9.71	8	4.63	613147	1.74
2019.07	57	3.72	15	3.69	758165	2.15
2019.08	11	2.97	—	—	705002	2.65
2019.09	3	4.62	1	20.00	657870	2.56
2019.10	6	5.51	2	7.01	582698	2.57
2019.11	98	3.15	7	3.47	708270	2.29
2019.12	10	3.44	5	3.43	737642	2.10
2020.01	107	3.00	3	3.87	587411	2.08
2020.02	1	3.85	13	3.65	506171	1.81
2020.03	40	2.61	12	2.62	913322	1.44
2020.04	203	2.58	28	1.76	1028400	1.11
2020.05	40	2.29	193	1.71	858088	1.29
2020.06	—	—	38	2.23	781391	1.89
2020.07	2	2.80	2	2.76	859919	1.91
2020.08	7	2.97	—	—	829339	2.06
2020.09	7	3.05	10	3.11	908947	1.93

4.3 国内各类债券发行统计表
Statistics of Debt Securities Issue

单位：亿元
Unit: 100 Million Yuan

时间 Time	国债 Government Securities	中央银行票据 Central Bank Bills	金融债券 Financial Bonds	公司信用类债券 Corporate Debenture Bonds	各类债券合计 Total
2016	91086	0	182152	82387	356037
2017	83513	0	258056	56352	398494
2018.01	1900	0	18564	4258	24796
2018.02	1486	0	17182	2998	21716
2018.03	4009	0	29254	8732	42082
2018.04	6269	0	20570	8918	35838
2018.05	7002	0	26045	4374	37506
2018.06	9188	0	26359	4853	40407
2018.07	10943	0	16842	6445	34285
2018.08	12525	0	22843	8261	43709
2018.09	11059	0	26026	5821	42933
2018.10	6055	0	19736	5955	31798
2018.11	3348	0	27056	8734	39205
2018.12	4495	0	23580	8557	36685
2019.01	5880	0	16396	10677	32972
2019.02	5242	0	15715	3525	24482
2019.03	8036	0	27690	10877	46668
2019.04	6926	0	19950	10175	37076
2019.05	7429	0	23184	6203	36846
2019.06	12838	0	20035	6992	39905
2019.07	9144	0	21157	9232	39587
2019.08	9939	0	24165	9959	44132
2019.09	6177	0	22059	9488	37748
2019.10	4687	0	18433	8862	32024
2019.11	4829	0	25134	10389	40412
2019.12	4062	0	25443	10680	40220
2020.01	9551	0	11433	9411	30449
2020.02	6329	0	22792	8080	37212
2020.03	7575	0	28612	16861	53121
2020.04	7234	0	23422	17304	48050
2020.05	19798	0	19967	9209	49024
2020.06	9715	0	21572	11212	42616
2020.07	11728	0	26049	9724	47566
2020.08	17657	0	29539	12808	60029
2020.09	15071	0	28721	12531	56343

注：公司信用类债券包括非金融企业债务融资工具、企业债券及公司债、可转债等。自 2015 年起，金融债券数据中包含同业存单数据。
Note: Corporate debenture bonds include non-financial enterprise financing instruments, enterprise bonds, corporate bonds, convertible bonds, etc.. NCDs have been included in financial bonds since 2015.

4.4 国内各类债券余额统计表
Statistics of Debt Securities Outstanding

单位：亿元
Unit: 100 Million Yuan

时间 Time	国债 Government Securities	中央银行票据 Central Bank Bills	金融债券 Financial Bonds	公司信用类债券 Corporate Debenture Bonds	国际机构债券 International Institution Bonds	各类债券合计 Total
2016	225734	0	236499	175180	537	637950
2017	281538	0	278301	183252	1013	744104
2018.01	281544	0	277554	187010	1088	747197
2018.02	281719	0	281140	187556	1138	751553
2018.03	283535	0	287321	190946	1195	762996
2018.04	288838	0	288806	193115	1277	772036
2018.05	291566	0	295336	193842	1337	782081
2018.06	298075	0	296566	194525	1366	790532
2018.07	306073	0	298285	195540	1421	801318
2018.08	314725	0	300772	198366	1501	815364
2018.09	323833	0	303057	198023	1428	826340
2018.10	326865	0	307302	198419	1470	834055
2018.11	326618	0	316174	201705	1537	846033
2018.12	330069	0	322585	205603	1550	859807
2019.01	331769	0	326134	219143	1540	878586
2019.02	336116	15	325832	219257	1540	882759
2019.03	339528	15	330940	222772	1611	894865
2019.04	343961	15	332809	226312	1636	904733
2019.05	347817	15	338174	227477	1611	915094
2019.06	354685	40	339900	229694	1631	925949
2019.07	361112	40	341488	231957	1686	936284
2019.08	366171	90	345587	235021	1686	948555
2019.09	369948	140	349168	236143	1681	957080
2019.10	371819	200	352700	237908	1669	964295
2019.11	373535	210	358083	241323	1659	974809
2019.12	377273	220	364622	246176	1659	989950
2020.01	384886	220	365126	251711	1714	1003657
2020.02	386709	195	366657	254670	1714	1009946
2020.03	393053	185	370225	264260	1761	1029484
2020.04	396410	175	373175	273266	1806	1044832
2020.05	407772	175	373792	277636	1793	1061168
2020.06	415223	150	378317	281820	1858	1077367
2020.07	420682	150	387237	283770	1780	1093619
2020.08	434470	150	396511	285579	1725	1118436
2020.09	444586	150	402155	288042	1715	1136648

注：本表含在境内发行的美元债券，公司信用类债券包括非金融企业债务融资工具、企业债券及公司债、可转债等。自2015年起，金融债券数据中包含同业存单数据。

Note: The sheet include the dollar bonds issued in the territory. Corporate debenture bonds include non-financial enterprise financing instruments, enterprise bonds, corporate bonds, convertible bonds, etc.. NCDs have been included in financial bonds since 2015.

4.5 人民币汇率统计表
Statistics of Exchange Rate

单位：外币／元人民币
Unit: USD，HKD，100JPY and EURO/RMB

时间 Time	美元 USD		港元 HKD	
	平均汇率（美元／人民币）Average Exchange Rate (USD/RMB)	期末汇率（美元／人民币）End-of-period Exchange Rate (USD/RMB)	平均汇率（港元／人民币）Average Exchange Rate (HKD/RMB)	期末汇率（港元／人民币）End-of-period Exchange Rate (HKD/RMB)
2013		6.0969		0.7862
2014		6.1190		0.7889
2015		6.4936		0.8378
2016		6.9370		0.8945
2017		6.5342		0.8359
2018.01	6.4364	6.3339	0.8231	0.8099
2018.02	6.3162	6.3294	0.8075	0.8086
2018.03	6.3220	6.2881	0.8063	0.8013
2018.04	6.2975	6.3393	0.8024	0.8079
2018.05	6.3758	6.4144	0.8123	0.8175
2018.06	6.4556	6.6166	0.8227	0.8431
2018.07	6.7034	6.8165	0.8542	0.8685
2018.08	6.8433	6.8246	0.8718	0.8695
2018.09	6.8445	6.8792	0.8730	0.8800
2018.10	6.9264	6.9646	0.8837	0.8877
2018.11	6.9351	6.9357	0.8857	0.8868
2018.12	6.8853	6.8632	0.8805	0.8762
2019.01	6.7897	6.7025	0.8659	0.8546
2019.02	6.7364	6.6901	0.8584	0.8523
2019.03	6.7093	6.7335	0.8548	0.8578
2019.04	6.7151	6.7286	0.8560	0.8578
2019.05	6.8524	6.8992	0.8731	0.8791
2019.06	6.8820	6.8747	0.8793	0.8797
2019.07	6.8752	6.8841	0.8802	0.8798
2019.08	7.0879	7.0214	0.9033	0.8956
2019.09	7.0785	7.0729	0.9033	0.9020
2019.10	7.0702	7.0533	0.9016	0.9000
2019.11	7.0177	7.0298	0.8963	0.8980
2019.12	7.0128	6.9762	0.8984	0.8958
2020.01	6.9172	6.8876	0.8897	0.8859
2020.02	6.9923	7.0066	0.8994	0.8987
2020.03	7.0119	7.0851	0.9029	0.9137
2020.04	7.0686	7.0571	0.9119	0.9106
2020.05	7.0986	7.1316	0.9157	0.9199
2020.06	7.0867	7.0795	0.9144	0.9134
2020.07	7.0088	6.9848	0.9042	0.9013
2020.08	6.9346	6.8605	0.8948	0.8852
2020.09	6.8148	6.8101	0.8793	0.8787

注：本表汇率为中国外汇交易中心对外公布的人民币汇率中间价。
Note: The exchange rate is the CNY central parity rate released by the China Foreign Exchange Trade System.

4.5 人民币汇率统计表 Statistics of Exchange Rate

单位：外币／元人民币
Unit: USD，HKD，100JPY and EURO/RMB

时间 Time	日元 JPY		欧元 EURO	
	平均汇率（100 日元／人民币）Average Exchange Rate (100JPY/RMB)	期末汇率（100 日元／人民币）End-of-period Exchange Rate (100JPY/RMB)	平均汇率（欧元／人民币）Average Exchange Rate (EURO/RMB)	期末汇率（欧元／人民币）End-of-period Exchange Rate (EURO/RMB)
2013		5.7771		8.4189
2014		5.1371		7.4556
2015		5.3875		7.0952
2016		5.9591		7.3068
2017		5.7883		7.8023
2018.01	5.7951	5.8216	7.8414	7.8553
2018.02	5.8235	5.8872	7.7866	7.7355
2018.03	5.9612	5.9066	7.7975	7.7378
2018.04	5.8603	5.7967	7.7417	7.6714
2018.05	5.8097	5.8986	7.5344	7.4814
2018.06	5.8698	5.9914	7.5397	7.6515
2018.07	6.0191	6.1398	7.8345	7.9799
2018.08	6.1668	6.1542	7.9083	7.9646
2018.09	6.1207	6.0705	7.9788	8.0111
2018.10	6.1587	6.1590	7.9526	7.9008
2018.11	6.1219	6.1153	7.8824	7.8991
2018.12	6.1279	6.1887	7.8309	7.8473
2019.01	6.2346	6.1478	7.7553	7.6981
2019.02	6.0964	6.0321	7.6363	7.6082
2019.03	6.0358	6.0867	7.5869	7.5607
2019.04	6.0148	6.0255	7.5440	7.5256
2019.05	6.2388	6.3019	4.7549	7.6833
2019.06	6.3745	6.3816	7.7759	7.8170
2019.07	6.3530	6.3401	7.7179	7.6803
2019.08	6.6845	6.6163	7.8661	7.8225
2019.09	6.6085	6.5699	7.8083	7.7538
2019.10	6.5291	6.4827	7.8335	7.8676
2019.11	6.4486	6.4186	7.7577	7.7406
2019.12	6.4236	6.4086	7.7895	7.8155
2020.01	6.3255	6.2742	7.7022	7.6400
2020.02	6.3548	6.3919	7.6272	7.7059
2020.03	6.5244	6.5544	7.7596	7.8088
2020.04	6.5586	6.6195	7.6885	7.6744
2020.05	6.6167	6.6225	7.7313	7.8970
2020.06	6.5841	6.5808	7.9772	7.9610
2020.07	6.5605	6.6726	8.0260	8.2882
2020.08	6.5387	6.4957	8.1986	8.1649
2020.09	6.4508	6.4429	8.0378	7.9941

注：本表汇率为中国外汇交易中心对外公布的人民币汇率中间价。
Note: The exchange rate is the CNY central parity rate released by the China Foreign Exchange Trade System.

4.6 国内股票市场统计表
Statistics of Stock Market

时间 Time	股票筹资额（亿元）Equity Financing (100 Million Yuan)	成交金额（亿元）Turnover of Trading (100 Million Yuan)	期末总股本（亿股）Volume Issued at the End of Period (100 Million Shares)	期末市价总值（亿元）Total Market Capitalization at the End of Period (100 Million Yuan)	期末上市公司数（家）Number of Listed Company at the End of Period	期末收盘指数 (Index) 上证综合指数 Shanghai Stock Exchange Composite Index	深证成分指数 Shenzhen Stock Exchange Componet Index
2013	3867	468072	33822	239077	2489	2116	8122
2014	7060	742385	36795	372547	2613	3235	11015
2015	11321	2550538	43015	531304	2827	3539	12665
2016	14510	1273845	48750	507686	3052	3104	10177
2017	11755	1124625	53747	567086	3485	3307	11040
2018.01	1137	114890	53987	585573	3500	3481	11160
2018.02	379	64393	54201	561646	3512	3259	10829
2018.03	507	103299	54370	559519	3522	3169	10869
2018.04	574	82388	54586	542533	3531	3082	10324
2018.05	465	89887	55150	544220	3539	3095	10296
2018.06	354	69820	55914	504217	3547	2847	9379
2018.07	1278	77787	56651	506208	3551	2876	9179
2018.08	826	65795	56811	475702	3557	2725	8465
2018.09	369	49745	57016	486616	3568	2821	8401
2018.10	239	52376	57172	446534	3573	2603	7483
2018.11	359	78105	57603	453623	3581	2588	7682
2018.12	340	53253	57581	434924	3584	2494	7240
2019.01	633	65541	58028	448886	3600	2585	7479
2019.02	119	88923	58147	524862	3606	2941	9032
2019.03	253	186267	58309	562856	3617	3091	9907
2019.04	353	168851	58429	555258	3627	3078	9675
2019.05	1437	98311	58794	522966	3639	2899	8923
2019.06	863	87474	59322	536297	3648	2979	9178
2019.07	649	91583	59799	540503	3682	2933	9327
2019.08	286	98646	60287	539710	3697	2886	9366
2019.09	321	113548	60432	545836	3708	2905	9446
2019.10	323	76695	60565	552694	3723	2929	9635
2019.11	759	85305	60809	546887	3751	2872	9582
2019.12	866	113015	61720	592935	3777	3050	10431
2020.01	704	112290	62347	597180	3792	2977	10682
2020.02	447	196723	62451	596640	3813	2880	10981
2020.03	252	191003	62625	562854	3826	2750	9962
2020.04	596	131838	62930	593994	3850	2860	10722
2020.05	433	112487	63236	600110	3868	2852	10746
2020.06	907	145230	63852	648774	3893	2985	11992
2020.07	1516	301963	64132	738175	3938	3310	13638
2020.08	1850	222966	64296	759475	3990	3396	13758
2020.09	1333	169872	64598	721687	4056	3218	12907

5.1 中央银行基准利率
Benchmark Interest Rates of Central Bank

单位：%（年利率）
Unit: % p.a.

项目／日期	Items/Date	2002.02.21	2003.12.21	2004.03.25	2005.03.17	2008.01.01	2008.11.27	2008.12.23	2010.10.20	2010.12.26	2020.04.07	2020.07.01
准备金账户 *	Reserve Account*											
法定准备金	Reserve Requirements	1.89	1.89	1.89	1.89	—	1.62	—	1.62	1.62	—	1.62
超额储备	Excess Reserves	1.89	1.62	1.62	0.99	—	0.72	—	0.72	0.72	0.35	0.35
对金融机构贷款	Loans to Financial Institution											
20 天以内	Less than 20 days	2.70	2.70	3.33	3.33	4.14	3.06	2.79	2.79	3.25	—	3.25
3 个月以内	3 months or less	2.97	2.97	3.60	3.60	4.41	3.33	3.06	3.06	3.55	—	3.55
6 个月以内	6 months or less	3.15	3.15	3.78	3.78	4.59	3.51	3.24	3.24	3.75	—	3.75
1 年	1 year	3.24	3.24	3.87	3.87	4.68	3.60	3.33	3.33	3.85	—	3.85
再贴现	Rediscount	2.97	2.97	3.24	3.24	4.32	2.97	1.80	1.80	2.25	—	2.00

* 2003 年 12 月准备金账户分为法定准备金和超额储备两个账户。

* As of December 2003, reserve account was divided into reserve requirements and excess reserves.

5.2 金融机构：人民币法定存款基准利率
Financial Institutions: Official Benchmark Rates of RMB Deposits

单位：%（年利率）
Unit: % p.a.

项目／日期	Items/Date	2012.07.06	2014.11.22	2015.03.01	2015.05.11	2015.06.28	2015.08.26	2015.10.24
活期	Demand	0.35	0.35	0.35	0.35	0.35	0.35	0.35
定期	Time							
3个月	3 months	2.10	2.35	2.10	1.85	1.60	1.35	1.10
6个月	6 months	2.80	2.55	2.30	2.05	1.80	1.55	1.30
1年	1 year	3.00	2.75	2.50	2.25	2.00	1.75	1.50
2年	2 years	3.75	3.35	3.10	2.85	2.60	2.35	2.10
3年	3 years	4.25	4.00	3.75	3.50	3.25	3.00	2.75
5年	5 years	4.75	4.00	—	—	—	—	—

5.3 金融机构：人民币法定贷款基准利率
Financial Institutions: Official Benchmark Rates of RMB Loans

单位：%（年利率）
Unit: % p.a.

项目／日期 Items/Date	2012.07.06	2014.11.22	2015.03.01	2015.05.11	2015.06.28	2015.08.26	2015.10.24
短期贷款 Short-term							
1年以内（含1年） within 1 year (including 1 year)	6.00	5.60	5.35	5.10	4.85	4.60	4.35
中长期贷款 Medium- and long-term							
1～5年（含5年） 1~5 years (including 5 years)	6.15	6.00	5.75	5.50	5.25	5.00	4.75
5年以上 over 5 years	6.55	6.15	5.90	5.65	5.40	5.15	4.90

注：自2014年11月22日起，金融机构人民币贷款基准利率期限档次简并为1年以内（含1年）、1～5年（含5年）和5年以上三个档次。
Note: Since November 22, 2014, the terms of official benchmark rates of RMB loans to financial institutions have merged into three:within 1 year (including 1 year), 1~5 years(including 5 years), over 5 years.

6.1 2019 年资金流量表（金融交易账户）
Flow of Funds Statement, 2019(Financial Transactions Accounts)

部门 交易项目	顺序号	住户 Households		非金融企业 Non-financial Corporations		广义政府 General Government		金融部门 Financial Institutions	
		运用 Uses	来源 Sources	运用 Uses	来源 Sources	运用 Uses	来源 Sources	运用 Uses	来源 Sources
净金融投资	1	86856		-55099		-54651		35147	
资金运用合计	2	167908		39036		9649		228475	
资金来源合计	3		81051		94134		64300		193328
通货	4	3537		358		80			3981
存款	5	102916		33079		8456		-2204	139960
活期存款	6	27561		6705		-1665			32601
定期存款	7	71129		26236		11404			108770
财政存款	8					301			301
外汇存款	9	-256		4693		754		-103	2077
其他存款	10	4482		-4556		-2338		-2102	-3789
证券公司客户保证金	11	1550		2231		243		873	5191
贷款	12		79539		67631		7356	157962	2331
短期贷款与票据融资	13		20684		31743			52427	
中长期贷款	14		54516		51762			106278	
外汇贷款	15		-9		-1587		44	-548	-82
委托贷款	16		4530		-12618		-1524	-9633	-39
其他贷款	17		-182		-1670		8836	9438	2453
未贴现的银行承兑汇票	18			-4757	-4757			-4757	-4757
保险准备金	19	22095		1448			7549		15994
金融机构往来	20							-8430	-11058
存款准备金	21							-8547	-8838
债券	22	293		662	28384	-103	47205	117247	42387
政府债券	23	30		-5		19	47205	46610	
金融债券	24	26		52		-71		41869	42167
中央银行债券	25							276	220
企业债券	26	237		615	28384	-51		28492	
股票	27	2113		5292	6046	332		964	3729
证券投资基金份额	28	2380		3426		374		1341	7971
库存现金	29							-276	-267
中央银行贷款	30							-4930	-4930
其他（净）	31	33023	1512	-6899	3655	267	254	-20629	341
直接投资	32			6740	10749				
其他对外债权债务	33			-2545	-1488		1936	1192	1291
国际储备资产	34							-1331	
国际收支错误与遗漏	35				-16086				

单位：亿元人民币

Unit: 100 Million of RMB Yuan

国内合计 All Domestic Sectors		国外 The Rest of the World		总计 Total		No.	Sectors / Items
运用 Uses	来源 Sources	运用 Uses	来源 Sources	运用 Uses	来源 Sources		
12254		-12254				1	Net financial investment
445067		1558		446625		2	Financial uses
	432813		13812		446625	3	Financial sources
3975	3981	6		3981	3981	4	Currency
142246	139960	3166	5452	145412	145412	5	Deposits
32601	32601			32601	32601	6	Demand deposits
108770	108770			108770	108770	7	Time deposits
301	301			301	301	8	Fiscal deposits
5088	2077	2441	5452	7528	7528	9	Foreign exchange deposits
-4514	-3789	725		-3789	-3789	10	Other deposits
4898	5191	293		5191	5191	11	Customer margin of securities companies
157962	156858	-402	702	157560	157560	12	Loans
52427	52427			52427	52427	13	Short-term loans & Bills financing
106278	106278			106278	106278	14	Medium-term and long-term loans
-548	-1634	-402	685	-949	-949	15	Foreign exchange loans
-9633	-9651		18	-9633	-9633	16	Designated loans
9438	9438			9438	9438	17	Other loans
-9513	-9513			-9513	-9513	18	Undiscounted bankers' acceptance bills
23543	23543			23543	23543	19	Insurance technical reserves
-8430	-11058	-4386	-1758	-12816	-12816	20	Inter-financial institutions accounts
-8547	-8838	-290		-8838	-8838	21	Required and excessive reserves
118100	117976	3221	3345	121321	121321	22	Bonds
46655	47205	1521	971	48176	48176	23	Government and public bonds
41876	42167	1295	1005	43172	43172	24	Financial bonds
276	220		56	276	276	25	Central bank bonds
29293	28384	405	1314	29698	29698	26	Corporate bonds
8701	9776	3098	2023	11799	11799	27	Shares
7521	7971	450		7971	7971	28	Securities investment funds shares
-276	-267		-9	-276	-276	29	Cash in vault
-4930	-4930			-4930	-4930	30	Central bank loans
5762	5762			5762	5762	31	Miscellaneous (net)
6740	10749	10749	6740	17489	17489	32	Foreign direct investment
-1353	1739	1739	-1353	386	386	33	Other foreign assets and debts
-1331			-1331	-1331	-1331	34	International reserve assets
	-16086	-16086		-16086	-16086	35	Errors and omissions in the BOP

7.1 1 5000户企业主要财务指标

Major Financial Indicators of 5000 Principal Enterprises

上年同期=100 单位：%
Previous Year=100 Unit: %

时间 Time	货币资金 Monetary Funds	存货 Inventories	流动资产 Current Assets	固定资产净额 Net Fixed Assets	短期借款 Short-term Borrowing
2013	2.2	8.2	7.7	8.7	9.4
2014	13.3	2.5	7.3	6.0	-1.0
2015	9.9	-3.4	3.5	1.3	4.9
2016	6.8	4.2	7.3	3.4	5.8
2017	10.8	6.4	8.9	3.0	3.1
2018.01	15.9	5.7	10.1	2.5	2.3
2018.02	9.2	6.1	8.6	2.7	3.1
2018.03	7.6	4.6	7.6	3.4	2.3
2018.04	8.2	3.3	8.0	3.0	1.7
2018.05	8.0	4.5	8.5	3.0	0.1
2018.06	8.2	4.9	8.6	2.8	0.8
2018.07	8.0	6.7	8.7	3.3	1.1
2018.08	8.2	6.9	8.4	3.1	-0.8
2018.09	5.2	5.3	6.8	4.1	-1.2
2018.10	5.9	6.0	6.7	4.1	-1.0
2018.11	4.9	4.7	6.1	3.9	-1.2
2018.12	4.7	3.3	5.1	4.2	-1.7
2019.01	2.9	2.7	4.3	4.8	-1.9
2019.02	5.2	1.6	4.1	4.5	-3.2
2019.03	8.2	1.0	5.2	4.5	-2.4
2019.04	7.4	3.2	3.9	4.7	-3.8
2019.05	5.5	2.7	3.5	4.5	-3.7
2019.06	7.9	1.1	4.3	4.8	-3.3
2019.07	7.1	-0.1	3.4	4.4	-5.2
2019.08	7.6	-0.5	3.3	4.4	-3.9
2019.09	8.3	-0.6	3.4	3.8	-2.5
2019.10	6.0	-1.1	2.5	3.2	-1.7
2019.11	7.2	-1.3	3.2	3.9	-0.4
2019.12	6.8	-0.2	3.3	3.2	-0.9
2020.01	4.0	0.4	3.7	2.5	0.2
2020.02	6.0	1.9	3.5	2.5	3.7
2020.03	6.8	3.0	3.6	2.3	3.8
2020.04	8.0	-0.1	4.1	2.2	3.9
2020.05	10.3	-0.9	4.9	2.2	4.6
2020.06	9.5	0.3	5.0	2.2	4.2
2020.07	8.4	0.9	5.6	2.1	4.6
2020.08	6.2	1.2	5.1	2.0	3.4
2020.09	7.0	2.0	5.7	1.1	3.6

7.1 2 5000户企业主要财务指标
Major Financial Indicators of 5000 Principal Enterprises

上年同期=100 单位：%
Previous Year=100 Unit: %

时间 Time	流动负债合计 Total Current Liabilities	长期负债合计 Total Long-term Liabilities	所有者权益合计 Owner' s Equity	产品销售收入 Sales Revenue	工业总产值（现价） Industrial Output (Current Price)
2013	9.1	10.3	6.7	4.7	3.3
2014	6.7	7.0	7.4	2.8	-0.7
2015	6.0	5.1	3.7	-8.2	-7.7
2016	6.8	3.2	6.8	1.2	1.5
2017	4.3	2.1	11.3	13.5	15.7
2018.01	5.5	1.1	11.3	21.3	18.1
2018.02	4.8	-0.7	11.8	8.4	10.6
2018.03	3.8	-0.4	12.1	7.7	7.8
2018.04	3.6	-0.4	12.5	9.2	8.9
2018.05	3.8	0.2	13.0	9.3	9.5
2018.06	4.2	0.9	12.4	9.3	8.9
2018.07	4.2	1.5	12.4	9.4	8.8
2018.08	4.4	1.1	11.8	9.3	8.8
2018.09	4.1	0.6	11.4	8.7	8.7
2018.10	3.9	0.8	11.2	8.8	9.2
2018.11	3.8	0.9	9.8	8.4	8.3
2018.12	3.2	2.7	8.3	7.9	7.4
2019.01	2.6	4.6	7.9	1.3	-1.1
2019.02	1.8	6.1	7.4	1.4	0.1
2019.03	3.2	8.7	7.0	5.1	3.5
2019.04	2.5	9.1	6.6	4.0	3.0
2019.05	2.8	8.3	6.2	3.5	2.2
2019.06	3.6	8.0	6.6	3.3	2.6
2019.07	3.4	7.2	6.0	3.4	2.7
2019.08	3.2	7.4	6.1	3.0	2.9
2019.09	3.3	7.6	5.9	2.4	2.6
2019.10	2.6	7.2	5.5	2.8	2.6
2019.11	3.2	7.8	5.8	3.1	3.1
2019.12	3.0	7.7	5.8	3.0	2.3
2020.01	3.8	4.6	6.2	-6.7	-1.6
2020.02	4.0	4.9	5.3	-12.3	-9.1
2020.03	3.4	3.3	5.1	-13.4	-10.7
2020.04	4.0	3.3	5.0	-9.7	-8.8
2020.05	4.8	3.8	5.1	-7.9	-6.5
2020.06	4.1	6.2	5.3	-5.4	-4.2
2020.07	4.5	6.3	5.4	-4.6	-3.5
2020.08	4.5	5.2	5.0	-4.0	-3.6
2020.09	4.5	5.2	5.0	-3.0	-2.8

注：2015年5月调整企业财务调查指标，停用“固定资产合计”，“固定资产净额”是指固定资产合计减去累计折旧和减值准备后的净额。
Note: Since May 2015, the item of “Total Fixed Assets” has been replaced by “Net Fixed Assets”, which equals nominal fixed assets, minus accumulated depreciation and allowance for impairment of fixed assets.

7.2 5000 户企业主要财务分析指标
Major Financial Analytical Indicators of 5000 Principal Enterprises

上年同期 =100 单位：%
Previous Year=100 Unit: %

时间 Time	货币资金占用系数 Ratio of Monetary Funds to Sales	流动比率 Ratio of Liquidity	资产负债比率 Liabilities/Assets Ratio	流动资产周转率 Turn-over Ratio of Liquid Assets	工业产品销售率 Industrial Products Sales Ratio	销售成本利润率 Ratio of Profits to Sales Expenses
2013	13.1	100.9	62.1	1.9	112.6	5.4
2014	14.5	101.5	61.9	1.7	116.5	5.7
2015	17.3	99.0	62.4	1.5	116.2	4.6
2016	18.2	99.9	62.0	1.4	115.8	6.0
2017	17.6	104.8	60.2	1.5	112.5	8.0
2018.01	16.6	106.0	60.2	1.4	112.9	9.9
2018.02	18.3	106.1	59.8	1.3	110.5	8.3
2018.03	17.5	106.7	59.6	1.4	112.0	8.9
2018.04	17.2	107.3	59.6	1.4	112.4	8.7
2018.05	17.0	107.7	59.5	1.4	112.1	8.9
2018.06	16.7	107.3	59.5	1.4	112.9	9.4
2018.07	16.5	107.9	59.4	1.4	112.7	9.3
2018.08	16.6	108.4	59.3	1.4	112.8	9.1
2018.09	16.5	108.5	59.2	1.4	113.2	9.2
2018.10	16.4	109.5	58.9	1.5	112.6	8.9
2018.11	16.4	109.6	58.9	1.5	112.7	8.8
2018.12	17.0	107.8	58.9	1.5	112.4	8.3
2019.01	16.8	108.0	58.8	1.4	115.0	8.8
2019.02	19.0	108.7	58.4	1.3	111.2	7.1
2019.03	18.0	108.9	58.6	1.4	113.2	8.1
2019.04	17.8	109.0	58.6	1.4	113.0	8.2
2019.05	17.3	108.8	58.6	1.4	113.0	8.3
2019.06	17.3	107.9	58.8	1.4	113.1	8.7
2019.07	17.1	107.9	58.6	1.4	112.8	8.5
2019.08	17.3	108.7	58.5	1.4	112.2	8.3
2019.09	17.4	108.7	58.5	1.4	112.3	8.4
2019.10	16.9	109.4	58.3	1.5	112.3	8.1
2019.11	17.1	109.8	58.4	1.5	111.9	7.9
2019.12	17.6	107.3	58.3	1.5	112.6	7.6
2020.01	18.7	107.7	58.2	1.3	106.6	8.6
2020.02	23.0	107.9	58.1	1.1	104.5	5.7
2020.03	22.2	108.9	58.1	1.2	107.1	5.8
2020.04	21.3	108.9	58.3	1.2	109.2	5.5
2020.05	20.7	108.7	58.4	1.3	108.6	6.1
2020.06	20.0	108.6	58.5	1.3	109.4	7.2
2020.07	19.3	109.0	58.4	1.3	109.2	7.4
2020.08	19.2	109.1	58.3	1.3	108.3	7.4
2020.09	19.2	109.6	58.2	1.3	108.7	7.6

7.3 5000户企业景气扩散指数 *

Diffusion Indices of Business Survey of 5000 Principal Enterprises*

单位：%
Unit: %

时间 Time	宏观经济热度指数 Macro-economy Index	企业景气指数 Business Climate Index	设备能力利用水平 Production Capacity Utilization	产成品库存水平 Inventory Level	国内订货水平 Domestic Order Level	出口产品订单 Overseas Order Level	资金周转状况 Funds Turnover	销货款回笼情况 Cash Inflow from Sales	银行贷款掌握状况 Lending Attitude of Bank	企业盈利情况 Profitability	产品销售价格水平 Price Level of Sales	原材料购进价格 Price Level of Raw Materials	固定资产投资情况 Fixed Assets Investment
2013	34.7	58.1	41.2	44.9	49.4	48.7	57.3	60.9	45.7	57.6	46.5	57.3	52.2
2014	31.1	54.5	40.4	43.5	46.5	48.9	54.3	59.2	44.9	55.0	43.0	51.5	49.0
2015	22.7	48.4	36.9	43.0	42.5	43.6	52.0	55.8	45.7	50.5	39.2	46.2	46.0
2016.03	21.1	46.7	35.2	44.3	39.1	41.0	52.4	55.6	46.1	47.2	39.5	47.6	43.2
2016.06	24.4	48.3	36.8	45.3	46.6	46.5	52.5	55.8	46.1	52.7	45.6	54.9	46.1
2016.09	25.2	50.3	37.7	45.2	46.0	46.9	53.4	57.3	46.2	54.7	46.9	56.7	46.9
2016.12	27.8	52.6	40.1	46.2	49.9	45.6	54.6	59.0	46.6	57.1	51.7	63.1	47.4
2017.03	31.3	52.8	38.7	46.8	44.0	41.7	56.3	60.0	46.4	49.9	53.6	68.0	45.4
2017.06	34.0	54.6	41.1	46.6	50.6	50.4	55.8	60.5	45.8	56.1	50.7	62.9	48.4
2017.09	35.9	55.5	41.3	46.8	50.2	49.6	56.7	61.3	45.4	57.6	52.5	65.4	49.8
2017.12	38.6	59.8	43.8	47.7	53.0	48.5	58.8	63.8	46.7	61.5	56.1	68.6	50.9
2018.03	38.9	58.6	41.4	47.8	47.6	45.0	58.7	63.8	46.4	56.7	52.9	66.1	48.2
2018.06	40.1	58.5	43.7	47.6	52.7	50.8	57.8	62.7	45.6	59.7	52.1	64.8	50.8
2018.09	37.2	56.9	42.5	46.7	49.6	48.5	57.0	62.8	45.8	58.9	51.0	64.3	51.0
2018.12	35.4	57.9	43.6	47.0	50.1	45.5	58.1	63.1	46.4	58.7	50.8	63.1	50.5
2019.03	34.1	54.8	41.4	46.6	44.2	42.9	58.6	62.8	47.8	52.3	47.0	58.8	47.1
2019.06	34.5	55.0	42.8	46.4	48.8	46.3	57.8	62.3	48.4	56.6	47.3	58.7	48.7
2019.09	32.4	53.3	41.4	46.0	47.0	44.5	57.8	61.8	48.0	55.3	45.7	56.3	49.7
2019.12	31.9	55.5	42.7	46.5	49.1	43.2	59.0	63.7	49.0	57.3	47.6	57.1	50.0
2020.03	12.4	30.3	21.6	41.4	17.5	19.1	45.4	45.7	48.0	22.3	40.0	56.9	34.0
2020.06	19.3	42.7	38.1	42.5	50.9	32.0	51.6	53.4	50.5	49.6	43.2	52.8	47.8
2020.09	27.7	49.4	40.3	45.0	53.0	43.6	56.1	58.3	51.5	57.0	48.1	58.6	51.1

* 通过对企业经营者进行问卷调查，得出对问题回答的三种结果，即上升、持平、下降各占总数的比重，然后利用上升的比重减去下降的比重，用其差额来反映景气状况的水平和趋势。

* Diffusion Index on Business Survey: based on the questionnaire sent to enterprise managers, proportions are calculated for the positive, unchanged and negative answers respectively. The diffusion index and its trend are reflected in the difference of the shares between the positive and negative answers.

注：2013年二季度对问卷内容进行了重新修订，本表中发布的数据也相应调整。具体为：(1) 停止发布"能源供应状况""原材料供应状况""产品销售情况"及"设备投资情况"；(2) 新增发布"宏观经济热度指数"和"原材料购进价格指数"；(3) 修改"产成品库存水平指数"计算方法，新指数 =100- 原指数，本表中已对2013年二季度以前公布的历史数据进行调整。

Note: The questionnaire for the PBC Entrepreneurs Survey was revised and certain adjustments were made to the table as of 2013 Q2, including: (1) Indices of Energy Supply, Raw Material Supply and Products Sales were not compiled; (2) Indices of Macro-economy and Price Level of Raw Materials were added; (3) Compilation method was adjusted for Inventory Level Index, while the new index equals 100 minus the original index. All the historical data in the table was re-calculated accordingly.

8.1 主要物价指数
Major Price Indices

以上年同月为100
Previous Corresponding Month=100

时间 Time	零售物价指数 Retail Price Index	居民消费价格指数 Consumer Price Index	企业商品价格指数 Corporate Goods Price Index		
			总指数 Overall Index	投资品 Capital Goods	消费品 Consumer Goods
2013	101.4	102.6	99.3	99.0	101.4
2014	101.0	102.0	95.6	95.2	98.4
2015	100.1	101.4	92.7	91.8	100.3
2016	100.7	102.0	106.8	107.3	101.8
2017	101.1	101.6	106.8	107.5	100.6
2018.01	101.3	101.5	103.9	104.3	100.2
2018.02	102.0	102.9	103.4	103.6	101.1
2018.03	101.4	102.1	102.7	102.8	100.6
2018.04	101.4	101.8	102.8	103.0	100.3
2018.05	101.5	101.8	103.6	103.9	100.6
2018.06	101.8	101.9	104.1	104.4	100.9
2018.07	102.2	102.1	103.9	104.1	101.5
2018.08	102.3	102.3	103.3	103.5	101.6
2018.09	102.6	102.5	103.2	103.3	101.9
2018.10	102.8	102.5	102.8	102.9	101.6
2018.11	102.2	102.2	101.8	101.8	101.2
2018.12	101.4	101.9	100.3	100.1	100.6
2019.01	101.0	101.7	99.5	99.3	100.1
2019.02	101.0	101.5	99.7	99.5	100.2
2019.03	101.9	102.3	100.6	100.4	101.5
2019.04	102.0	102.5	101.1	100.8	102.6
2019.05	102.1	102.7	100.7	100.3	103.0
2019.06	101.8	102.7	99.8	99.4	102.9
2019.07	101.8	102.8	99.7	99.3	102.9
2019.08	101.8	102.8	99.3	98.7	103.7
2019.09	101.9	103.0	98.9	98.2	104.7
2019.10	102.2	103.8	98.9	98.0	106.4
2019.11	103.0	104.5	99.4	98.4	107.6
2019.12	103.4	104.5	100.5	99.6	107.8
2020.01	104.3	105.4	101.0	100.1	108.3
2020.02	104.2	105.2	100.3	99.3	107.9
2020.03	102.8	104.3	98.6	97.6	107.0
2020.04	101.7	103.3	97.0	96.0	106.0
2020.05	100.9	102.4	96.7	95.7	104.9
2020.06	101.1	102.5	97.7	96.9	104.8
2020.07	101.7	102.7	98.5	97.7	105.1
2020.08	101.6	102.4	98.9	98.3	104.1
2020.09	100.8	101.7	98.7	98.2	102.7

8.2 企业商品价格指数
Corporate Goods Price Indices(CGPI)

以 1993 年 12 月为100
December 1993=100

时间 Time	总指数 Overall Index	农产品 Agricultural Product	矿产品 Minning Product	煤、油、电 Coal, Oil and Electricity	加工业产品 Processed Product
2013	150.8	236.0	223.5	279.2	118.7
2014	144.1	230.2	201.8	250.9	114.8
2015	133.5	238.0	176.7	213.1	107.0
2016	142.6	246.3	198.5	236.9	113.8
2017	148.8	242.8	209.6	250.3	119.4
2018.01	149.7	248.5	211.8	253.6	119.7
2018.02	149.8	253.8	212.2	254.5	119.5
2018.03	148.9	244.6	211.5	252.6	119.2
2018.04	148.4	238.3	209.4	253.5	119.1
2018.05	148.8	235.8	209.8	257.3	119.4
2018.06	149.2	234.3	209.5	259.9	119.7
2018.07	149.1	234.8	208.7	260.3	119.5
2018.08	149.7	238.5	214.6	260.9	119.9
2018.09	150.8	243.1	220.9	263.6	120.5
2018.10	151.4	242.3	222.2	266.8	120.8
2018.11	150.5	238.9	223.0	263.3	120.4
2018.12	149.2	240.4	221.0	254.1	119.6
2019.01	148.9	244.3	221.7	250.0	119.3
2019.02	149.3	251.1	224.0	251.8	119.1
2019.03	149.8	253.7	225.7	255.3	119.2
2019.04	150.0	254.9	228.5	255.0	119.4
2019.05	149.8	252.9	231.6	256.2	119.2
2019.06	148.9	251.1	235.2	253.3	118.5
2019.07	148.6	252.2	239.6	249.6	118.3
2019.08	148.6	258.1	240.9	246.9	118.1
2019.09	149.2	265.6	240.4	246.4	118.4
2019.10	149.7	271.8	238.8	247.5	118.5
2019.11	149.6	276.9	236.0	247.7	118.1
2019.12	149.9	281.5	236.4	249.0	118.1
2020.01	150.3	289.8	237.3	251.0	118.0
2020.02	149.7	294.3	235.4	245.5	117.5
2020.03	147.6	287.9	235.1	234.9	116.4
2020.04	145.6	284.1	233.9	221.2	115.5
2020.05	144.9	276.2	235.5	217.6	115.4
2020.06	145.5	274.1	239.9	221.4	115.8
2020.07	146.4	276.5	243.9	224.3	116.3
2020.08	147.0	278.4	249.3	224.9	116.8
2020.09	147.4	281.7	249.5	224.3	117.0

9 主要经济金融指标图
Charts of Major Economic & Financial Indicators

工业增加值当月同比增长变化图
Growth Changes of Industrial Value-added

单位：%
Unit：%

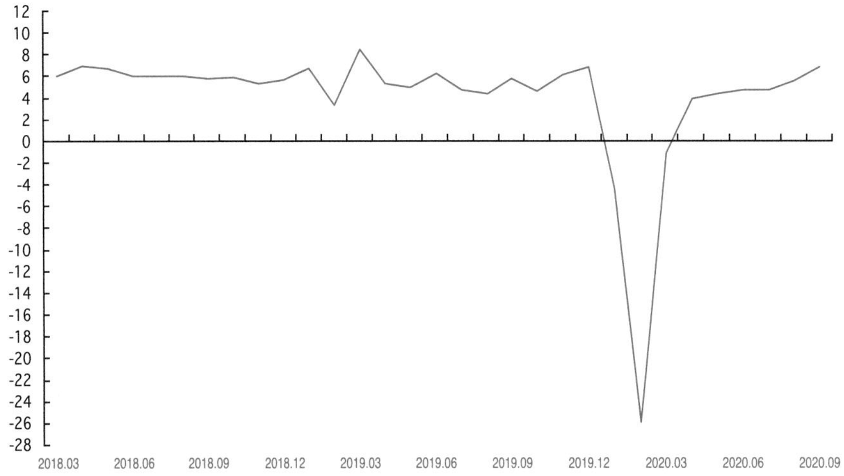

社会消费品零售总额当月同比增长变化图
Growth Changes of Retail Sales of Consumer Goods

单位：%
Unit：%

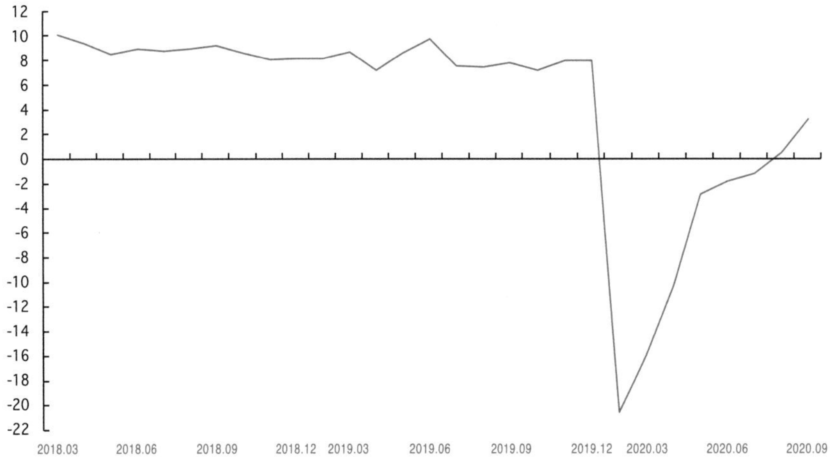

进出口增长变化图
Growth Changes of Import & Export

单位：%
Unit：%

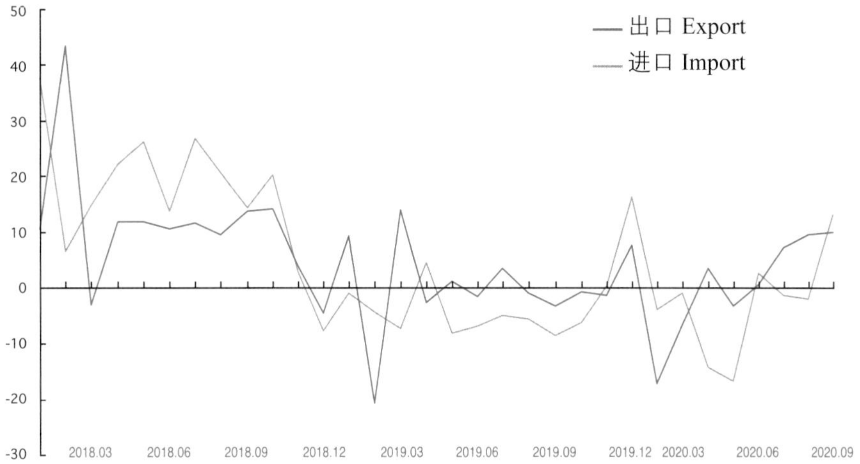

货币供应量增长率图
Money Supply Growth Rate

单位：%
Unit：%

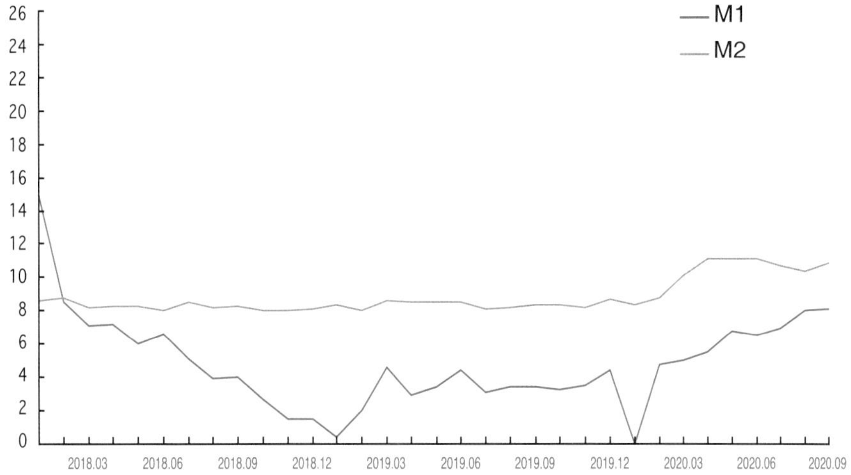

2020年三季度末其他存款性公司金融资产分布图

Assets Distribution of Other Depository Corporations (End of 2020 Q3)

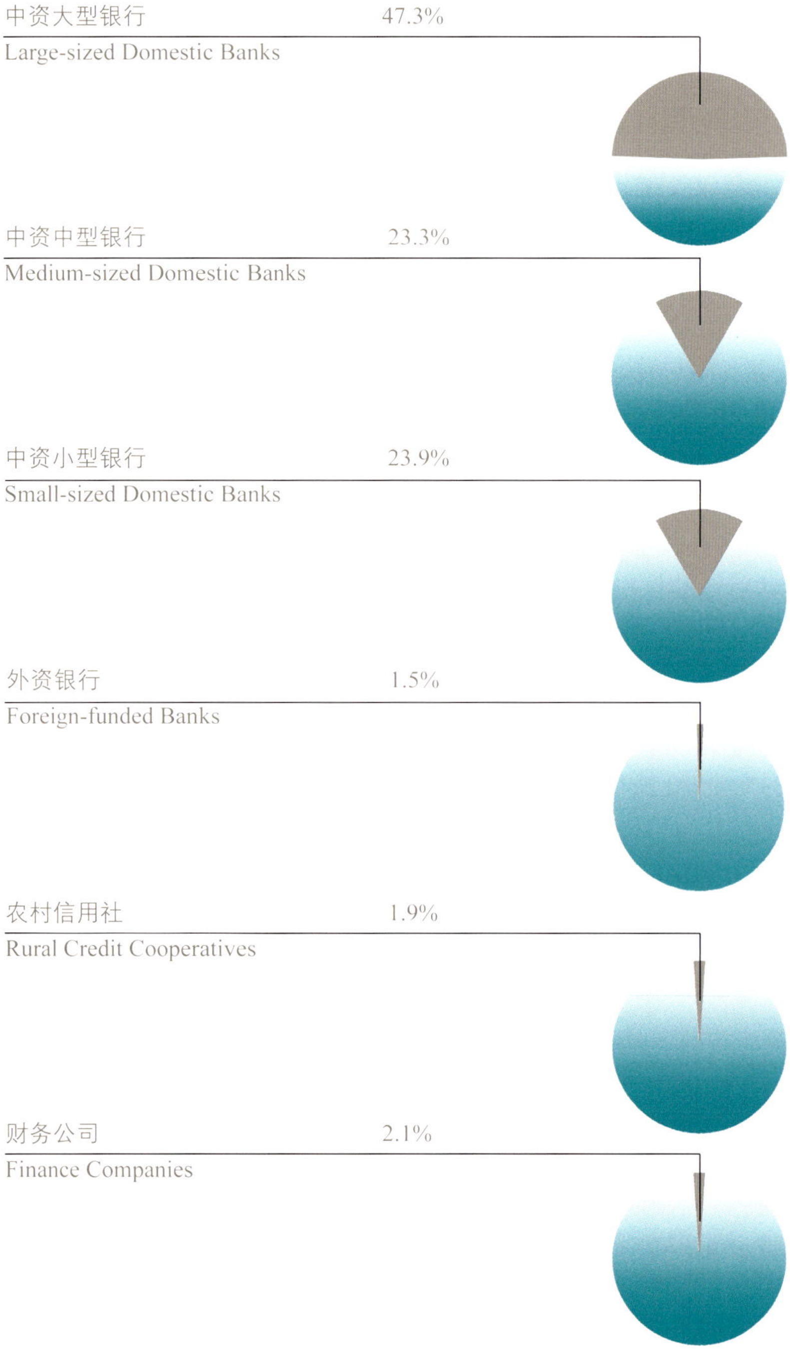

1 年期储蓄利率与居民消费价格指数涨幅对比图

One-year Savings Interest Rate and CPI Growth Rate

单位：%
Unit：%

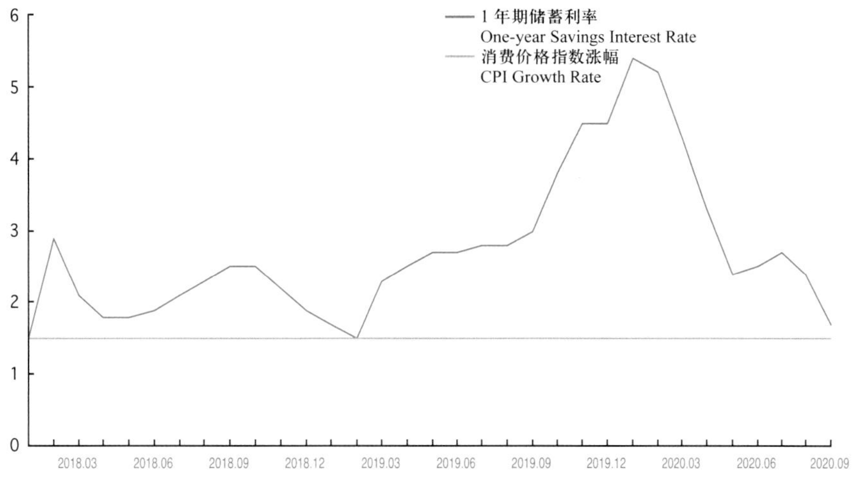

主要物价指数

Major Price Indices

以上年同期为100
Previous Corresponding Month = 100

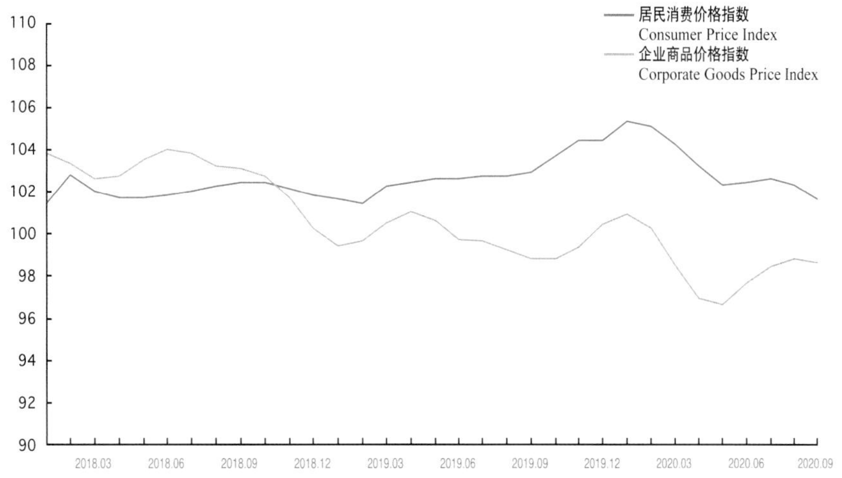

5000户企业经营景气指数高于全国平均水平的主要行业（2020年三季度）

Indices above the National Average Level of Business Conditions of Major Industries among 5000 Principal Enterprises (2020 Q3)

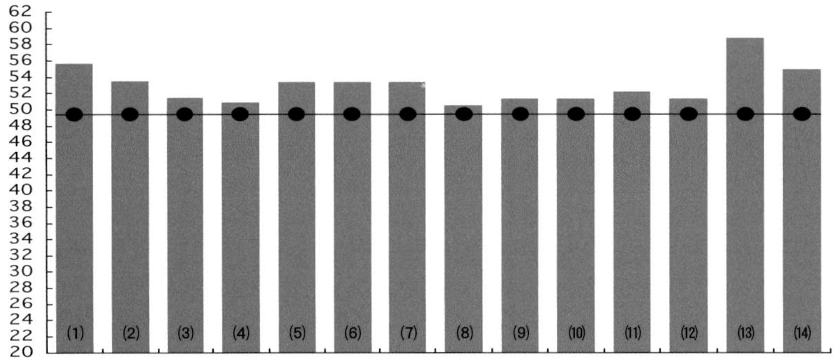

(1) 金属矿采选业；(2) 食饮烟业；(3) 医药制造业；(4) 橡胶制品业；(5) 塑料制品业；(6) 非金属矿物品业；(7) 黑色金属冶炼及压延加工业；(8) 有色金属冶炼及压延加工业；(9) 金属制品业；(10) 机械设备制造业；(11) 电气机械及家电制造业；(12) 电子及通信设备制造业；(13) 仪器仪表制造业；(14) 电气热业。

(1) Metals Mining and Dressing; (2) Manufacture of Food, Beverage and Tobacco; (3) Medical and Pharmaceutical Products; (4)Rubber Products; (5) Plastic Products; (6) Nonmetal Mineral Products; (7) Smelting and Pressing of Ferrous Metals; (8) Smelting and Pressing of Nonferrous Metals; (9) Fabricated Metal Product; (10) Equipment Manufacturing; (11) Electric Equipment and Machinery; (12) Communication Equipment, Computers and Other Electronic Equipment Production; (13) Instruments and Meters Machinery; (14) Power, Gas and Heat Production and Supply.

5000户企业货币资金与存货趋势图

Growth Changes of Monetary Funds and Inventories of 5000 Principal Enterprises

以上年同期为100

Previous Corresponding Period = 100

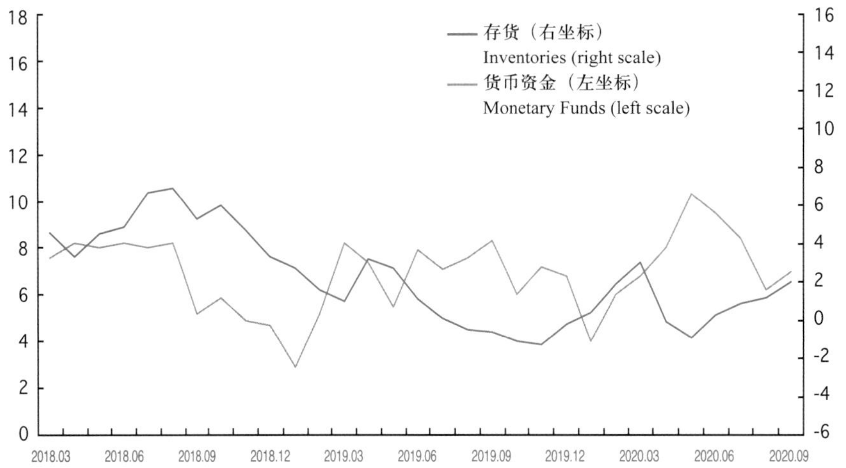

上海银行间同业拆放利率
Shibor

单位：%
Unit：%

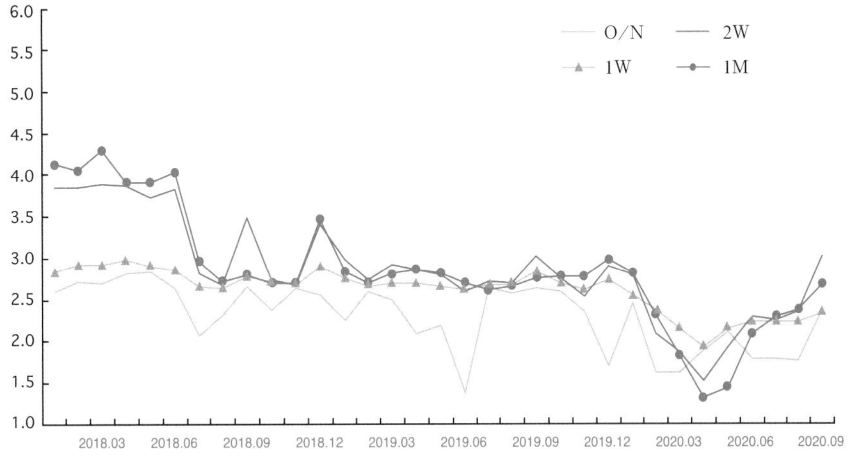

同业拆借、质押式回购月加权平均利率
Monthly Weighted Average Interest Rate of Interbank Lending and Pledged Repo

单位：%
Unit：%

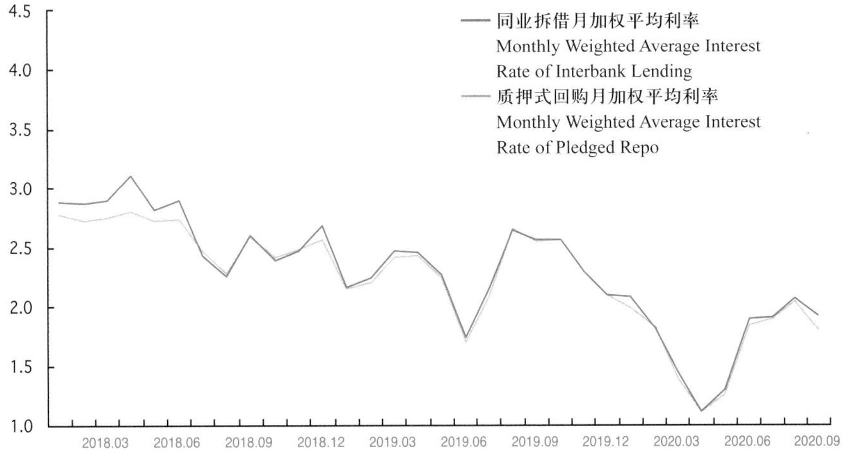

中债国债收益率曲线
Chinabond Yield Curves of Government Securities

单位：%
Unit：%

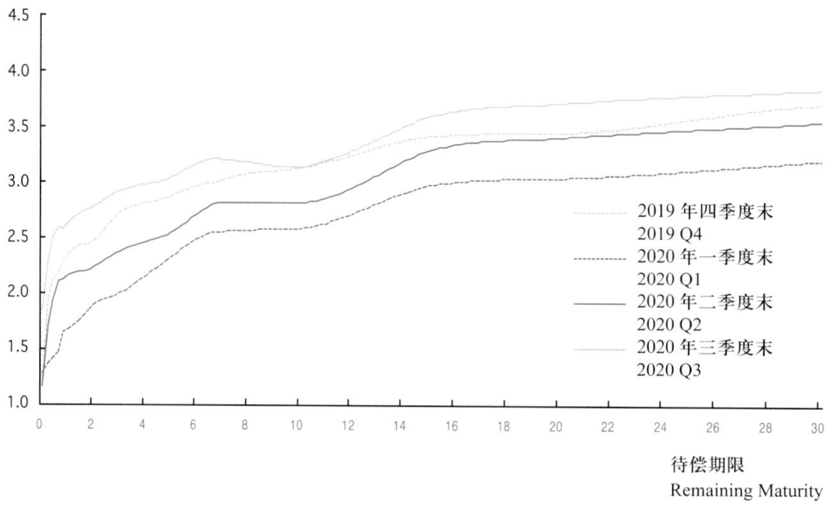

中债国债、中短期票据收益率
Chinabond Yield of Government Securities and Medium/Short-term Notes

单位：%
Unit：%

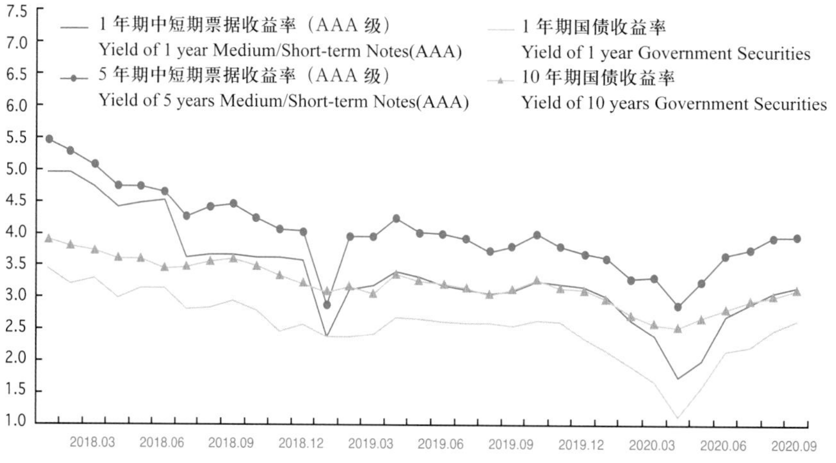

10 主要指标的概念及定义

1 名义 GDP 按市场价格计算的国内生产总值。

国内生产总值 按市场价格计算的国内生产总值的简称。它是一个国家（地区）所有常住单位在一定时期内生产活动的最终成果。在实际核算中，国内生产总值的三种表现形式为三种计算方法，即生产法、收入法和支出法，三种计算方法分别从不同的方面反映国内生产总值及其构成。

三大产业 根据社会生产活动历史发展的顺序对产业结构进行划分，产品直接取自自然界的部门称为第一产业，对初级产品进行再加工的部门称为第二产业，为生产和消费提供各种服务的部门称为第三产业。

工业增加值 指工业在报告期内以货币表现的工业生产活动的最终成果。

国有及国有控股企业 指国有企业加上国有控股企业。国有企业（过去的全民所有制工业或国营工业）是指企业全部资产归国家所有，并按《中华人民共和国企业法人登记管理条例》规定登记注册的非公司制的经济组织，包括国有企业、国有独资公司和国有联营企业。1957年以前的公私合营和私营工业，后均改造为国营工业，1992 年改为国有工业，这部分工业的资料不单独分列时，均包括在国有企业内。国有控股企业是对混合所有制经济的企业进行的国有控股分类，它是指这些企业的全部资产中国有资产（股份）相对其他所有者中的任何一个所有者占资（股）最多的企业。该分组反映了国有经济控股情况。

集体企业 指企业资产归集体所有，并按《中华人民共和国企业法人登记管理条例》规定登记注册的经济组织，是社会主义公有制经济的组成部分。它包括城乡所有使用集体投资举办的企业，以及部分个人通过集资自愿放弃所有权并依法经工商行政管理机关认定为集体所有制的企业。

1 Nominal GDP

Nominal GDP is the Gross Domestic Product measured on the basis of current price.

Gross Domestic Product refers to Gross Domestic Product calculated at market price, which is all the final products of all resident units (enterprises and self-employed individuals) of a country (or region) during a certain period of time. In the practice of national accounting, Gross Domestic Product is calculated by three approaches, i. e. product approach, income approach, and expenditure approach, respectively to reflect Gross Domestic Product and its composition from different aspects.

Three Industries industry structure has been classified according to the historical sequence of development. Primary industry refers to extraction of natural resources, secondary industry involves processing of primary products, and tertiary industry provides services of various kinds for production and consumption.

Industrial Value-added refers to final results of industrial production of industry in money terms during reference period.

State-owned and State-holding Enterprises refer to state-owned enterprises plus state-holding enterprises. State-owned enterprises (originally known as state-run enterprises with ownership by the whole society) are non-corporate economic entities registered in accordance with the *Regulation of the People's Republic of China on the Management of Registration of Legal Enterprises*, where all assets are owned by the state. Included in this category are state-owned enterprises, state-funded corporations and state-owned joint-operation enterprises. Joint state-private industries and private industries, which existed before 1957, were transformed into state-run industries since 1957, and into state-owned industries after 1992. Statistics on those enterprises are included in the state-owned industries instead of grouping them separately. State-holding enterprises are a sub-classification of enterprises with mixed ownership, referring to enterprises where the percentage of state assets (or shares by the state) is larger than any other single share holder of the same enterprise. This sub-classification illustrates the control of the state assets.

Collective Enterprises refer to economic entities registered in accordance with the *Regulation of the People's Republic of China on the Management of Registration of Legal Enterprises*, where assets are owned collectively. Collective enterprises constitute an integral part of the socialist economy with public ownership. They include urban and rural enterprises invested collectively, and some enterprises registered in industrial and commercial administration agency as collective units where funds are pooled together by individuals who voluntarily give up their rights of ownership.

10 Concepts and Definitions for Major Indicators

港、澳、台商投资企业 指企业注册登记类型中的港、澳、台资合资、合作、独资经营企业和股份有限公司之和。

Enterprises with Funds from Hong Kong, Macao and Taiwan refer to all industrial enterprises registered as the joint-venture cooperative, sole(exclusive) investment industrial enterprises and limited liability corporations with funds from Hong Kong, Macao and Taiwan.

外商投资企业 指企业注册登记类型中的中外合资、合作经营企业，外资企业和外商投资股份有限公司之和。

Foreign Funded Enterprises refer to all industrial enterprises registered as the joint-venture, cooperative, sole(exclusive) investment industrial enterprises and limited liability corporations with foreign funds.

城镇居民可支配收入 指居民家庭在支付个人所得税后余下的实际收入，即实际收入减去个人所得税、家庭副业生产支出和记账补贴后的余额。

Disposable Income of Urban Households equals the actual income deducted by the personal income tax, that is the remainder of the actual income deducted by the personal income tax, the expenditure of the sideline production of households and the subsidies paid for sample-data-collecting.

全社会固定资产投资 固定资产投资额是以货币表现的建造和购置固定资产活动的工作量。全社会固定资产投资包括国有经济单位投资、城乡集体经济单位投资、各种经济类型的单位投资和城乡居民个人投资。

Total Investment in Fixed Assets value of investment in fixed assets refers to construction and purchase of fixed assets in money terms. Total investment in fixed assets includes investment by state-owned units, urban and rural collective units, and units of various other kinds of ownership and individual investment by urban and rural residents.

基本建设投资 指企业、事业、行政单位以扩大生产能力或工程效益为主要目的的新建、扩建工程及有关工作，包括工厂、矿山、铁路、桥梁、港口、农田水利、商店、住宅、学校、医院等工程的建造和机器设备、车辆、船舶、飞机等的购置。

Capital Construction Investment refers to investment in new projects or an addition to existing facilities for the purposes of enlarging production capacity or improving efficiency, which includes construction of plants, mines, railways, bridges, harbors, water conservation facilities, stores, residential facilities, schools, hospitals, and purchase of machinery and equipment, vehicles, ships, and planes.

基本建设投资额 指以货币表现的基本建设完成的工作量。它是根据工程的实际进度按预算价格（预算价格是编制施工图预算时所用的价格）计算的工作量，没有形成工程实体的建筑材料和没有开始安装的设备，都不计算投资完成额。

Value of Construction Investment refers to completion of capital construction in money terms. It is calculated at budget prices according to the actual completion of the project and therefore, construction materials and equipment not put into operation are not included.

更新改造投资 更新改造指国有企业、事业单位对原有设施进行固定资产更新和技术改造，以及相应配套的工程和有关工作（不包括大修理和维护工程）。更新改造投资是以货币表现的更新改造完成的工作量。

Technical Upgrading and Transformation refers to the investment in projects to renew, modernize or replace existing assets and related supplementary projects (excluding major repairs and maintenance projects), which is presented in money terms.

10 主要指标的概念及定义

社会消费品零售额 指各种经济类型的批发和零售贸易业、餐饮业、制造业和其他行业对城乡居民和社会集团的消费品零售额。这个指标反映通过各种商品流通渠道向居民和社会集团供应的满足他们生活需要的消费品，是研究人民生活水平、社会消费品购买力、货币流通等问题的重要指标。

Value of Retail Sales of Consumer Goods refers to the sum of retail sales of consumer goods by wholesale and retail industry, catering, manufacturing establishments and establishments in other industries of different types of ownership to urban and rural households and institutions, as well as retail sales by farmers to non-agricultural households. Illustrating the supply of consumer goods through various channels to households and institutions to meet their demands, this is an important indicator for the study of issues on people's livelihood, on the purchasing power of consumer goods and on the circulation of money.

进出口总额 指实际进出我国境内的货物总金额。进出口总额用于观察一个国家在对外贸易方面的总规模。我国规定出口货物按离岸价格统计，进口货物按到岸价格统计。

The Total Value of Imports and Exports at Customs refers to the value of commodities imported into and exported from the boundary of China. The indicator of the total value of imports and exports at customs can be used to observe the total size of external trade in a country. Under the stipulation of Chinese government, exports are calculated on FOB basis, while imports are on CIF basis.

净出口 指出口与进口的差额。

Net Export refers to the difference between the value of exports and imports.

外商直接投资 指外国企业和经济组织或个人（包括华侨、港澳台胞以及我国在境外注册的企业）按我国有关政策、法规，用现汇、实物、技术等在我国境内开办外商独资企业，与我国境内的企业或经济组织共同举办中外合资经营企业、合作经营企业或合作开发资源的投资（包括外商投资收益的再投资），以及经政府有关部门批准的项目投资总额内，企业从境外借入的资金。

Direct Investment by Foreign Business refers to the investment inside China by foreign enterprises and economic organizations or individuals (including overseas Chinese, compatriots in Hong Kong, Macao and Taiwan, and Chinese enterprises registered abroad), following the relevant policies and laws of China, for the establishment of wholly foreign-owned enterprises, by means of convertible currencies, supplies, technique and so on and the establishment of joint venture enterprises, contractual joint ventures or co-operative exploration of resources with enterprises or economic organization in China (including re-investment of profits from foreign businessmen's enterprises), and the funds that enterprises borrow from abroad in the total investment of projects which are approved by the relevant department of the government.

外汇储备 指一国政府所拥有的全部外汇，其表现形式可以是在国外银行的存款、外国国库券和长短期债券，以及在国际收支发生逆差时可以动用的债权。

Foreign Exchange Reserves refer to the total amount of foreign exchange held by the government of one country which can be in the form of the bank deposits abroad, treasury bonds, short-term and long-term bonds of foreign countries and the claims on nonresidents which can be utilized as the financing resources should the balance of payments deficits arise.

10 Concepts and Definitions for Major Indicators

2 金融机构信贷收支表（人民币）

对金融机构信贷收支表的说明

金融机构包括中国人民银行、中国工商银行、中国农业银行、中国银行、中国建设银行、国家开发银行、中国进出口银行、中国农业发展银行、交通银行、中信银行、中国光大银行、华夏银行、广发银行、平安银行、招商银行、上海浦东发展银行、兴业银行、中国民生银行、恒丰银行、浙商银行、渤海银行、城市商业银行、城市信用社、农村信用社、农村商业银行、农村合作银行、外资银行、财务公司、信托投资公司、金融租赁公司、中国邮政储蓄银行、村镇银行*。

[注 1] 对 2006 年货币统计报表的说明

自 2006 年起，中国人民银行按照国际货币基金组织《货币与金融统计手册》对货币金融统计制度进行了修订。2006 年一季度及以后各期数据与历史数据不完全可比。修订的主要内容包括以下三个方面：

①在机构分类上，将金融性公司划分为存款性公司和其他金融性公司，存款性公司划分为货币当局和其他存款性公司。货币当局为中国人民银行，其他存款性公司包括四大国有商业银行、其他国有银行、股份制商业银行、合作金融机构、中国邮政储蓄银行、财务公司。

②根据金融性公司新分类，开始编制其他存款性公司资产负债表；将中央银行资产负债表、其他存款性公司资产负债表合并，编制存款性公司概览。存款性公司概览同原银行概览相比，不包含信托投

2 Sources and Uses of Credit Funds of Financial Institutions (RMB)

Notes to the Sheet of the Sources and Uses of Credit Funds of Financial Institutions

Financial Institutions include the People's Bank of China, Industrial and Commercial Bank of China, Agricultural Bank of China, Bank of China, China Construction Bank, China Development Bank, Export-Import Bank of China, Agricultural Development Bank of China, Bank of Communications, CITIC Bank, China Everbright Bank, Hua Xia Bank, China Guangfa Bank, Ping An Bank, China Merchants Bank, Shanghai Pudong Development Bank, Industrial Bank Co., Ltd., China Minsheng Banking Corporation, Evergrowing Bank, China Zheshang Bank, China Bohai Bank, Urban Commercial Banks, Urban Credit Cooperatives, Rural Credit Cooperatives, Rural Commercial Banks, Rural Cooperative Banks, Foreign-funded Bank, Finance Companies, Trust and Investment Companies, Financial Leasing Companies and Postal Savings Bank of China, Rural Banks*.

Note 1: Introduction to 2006 Revision of Monetary Statistics

Since 2006, the People`s Bank of China has revised the system of monetary and financial statistics in line with the IMF *Manual on Monetary and Financial Statistics*. As from the first quarter of 2006, the monetary statistics thereafter are not fully comparable with historical statistics.The revision includes the following 3 aspects:

① To reclassify the Financial Corporations as the depository corporations and other financial corporations. Depository corporations are sub-divided into categories of the monetary authority and other depository corporations. The monetary authority is the People`s Bank of China; other depository corporations include 4 Major State-owned Commercial Banks, Other State-owned Banks, Joint Stock Commercial Banks, Cooperative Financial Institutions, Postal Savings Bank of China, Finance Companies.

② The balance sheet of other depository corporations has been compiled according to the new classification of the financial corporations since 2006. Depository corporations survey is the consolidation of the balance sheets of the monetary authority and the other depositary corporations. The

* 自 2009 年 1 月起，金融机构包括村镇银行。

* As of January 2009, Rural Banks were included in the coverage of financial institutions.

10 主要指标的概念及定义

资公司和金融租赁公司。自2006年开始不再编制银行概览、货币概览、存款货币银行资产负债表和特定存款机构资产负债表。

main distinction between depository corporations survey and banking survey lies in the fact that data of trust and investment companies and financial leasing companies are not included in the depository corporations survey. Since 2006, the banking survey, monetary survey, balance sheet of monetary authorities, balance sheet of deposit money banks, balance sheet of specific depository institutions will no longer be compiled.

③调整部分报表项目。如将中央银行资产负债表中的"对存款货币银行债权""对特定存款机构债权""对其他金融机构债权"调整为"对其他存款性公司债权"和"对其他金融性公司债权"两项，将"储备货币"项下的"金融机构存款"三个子项调整为"其他存款性公司存款""其他金融性公司存款"等。

③ Adjust some items of all relevant statistical sheets. Examples: reclassify the 3 balance sheet items of the central bank— "claims on deposit money banks" "claims on specific depository institutions" and "claims on other financial institutions" to "claims on other depository corporations" and "claims on other financial corporations". Reclassify the 3 sub-items of "deposits of financial institutions" under "reserve money" to "deposits of other depository corporations" and "deposits of other financial corporations", etc..

1. 货币当局

中国人民银行。

2. 其他存款性公司

(1) 四大国有商业银行：中国工商银行、中国农业银行、中国银行、中国建设银行。

(2) 其他国有银行：国家开发银行、中国进出口银行、中国农业发展银行。

(3) 股份制商业银行：交通银行、中信银行、中国光大银行、华夏银行、广发银行、平安银行、招商银行、上海浦东发展银行、兴业银行、中国民生银行、恒丰银行、浙商银行、渤海银行、农村商业银行、城市商业银行、外资商业银行。

(4) 合作金融机构：城市信用社、农村信用社、农村合作银行。

(5) 中国邮政储蓄银行。

(6) 财务公司。

1. Monetary Authority

The People's Bank of China.

2. Other Depository Corporations

(1) 4 Major State-owned Commercial Banks: Industrial and Commercial Bank of China, Agricultural Bank of China, Bank of China, China Construction Bank.

(2) Other State-owned Banks: China Development Bank, Export-Import Bank of China, Agricultural Development Bank of China.

(3) Joint Stock Commercial Banks: Bank of Communications, CITIC Bank, China Everbright Bank, Hua Xia Bank, China Guangfa Bank, Ping An Bank, China Merchants Bank, Shanghai Pudong Development Bank, Industrial Bank, China Minsheng Banking Corporation, Evergrowing Bank, China Zheshang Bank, China Bohai Bank, Rural Commercial Banks, Urban Commercial Banks, Foreign-funded Commercial Banks.

(4) Cooperative Financial Institutions: Urban Credit Cooperatives, Rural Credit Cooperatives, Rural Cooperative Banks.

(5) Postal Savings Bank of China.

(6) Finance Companies.

3. 其他金融性公司

(1) 保险公司和养老基金（企业年金）。

(2) 信托投资公司。

(3) 金融租赁公司。

(4) 资产管理公司。

(5) 汽车金融服务公司。

(6) 金融担保公司。

(7) 证券公司。

(8) 投资基金。

(9) 证券交易所。

(10) 其他金融辅助机构。

［注 2］ 对 2010 年货币统计报表的说明

自 2010 年 1 月起，中国人民银行按照国际货币基金组织《货币与金融统计手册》的概念、定义和分类，以中国境内各金融机构的本、外币业务统计数据为基础编制货币统计报表。

主要变动

1. 由于金融机构分组、会计科目的变动，对 2009 年 12 月末数据进行了修正。

2. 调整其他存款性公司机构分组方法。

增设“中资大型银行资产负债表”“中资中型银行资产负债表”和“中资小型银行资产负债表”。终止“国有商业银行资产负债表”“股份制商业银行资产负债表”“政策性银行资产负债表”“城市商业银行资产负债表”“中国邮政储蓄银行资产负债表”。

3. Other Financial Corporations

(1) Insurance Companies and Pension Fund (enterprise annuities).

(2) Financial Trust and Investment Companies.

(3) Financial Leasing Companies.

(4) Asset Management Companies.

(5) Auto Financing Companies.

(6) Financial Guarantee Companies.

(7) Securities Companies.

(8) Investment Funds.

(9) Stock Exchange.

(10) Other Financial Auxiliary Institutions.

Note 2: Introduction to 2010 Revision of Monetary Statistics

As of January 2010, monetary and financial statistics are compiled based on the RMB and foreign currency statistical data of domestically operating financial institutions, in line with the concept, definition and classification of the IMF *Manual of Monetary and Financial Statistics*, by the People's Bank of China.

Major Revisions

1. Statistical data of December 2009 is adjusted as a result of the change in institutional classification and accounting items.

2. Classification of other depository corporations is adjusted.

Newly added balance sheets are compiled for: “Large-sized Domestic Banks” “Medium-sized Domestic Banks” and “Small-sized Domestic Banks”. Original balance sheets are suspended for: “State-owned Commercial Banks” “Joint Stock Commercial Banks” “Policy Banks” “Urban Commercial Banks” and “Postal Savings Bank of China”.

10 主要指标的概念及定义

中资大型银行：本外币资产总量超过2万亿元的中资银行（以2008年末各金融机构本外币资产总额为参考标准）。

Large-sized Domestic Banks: refer to all the domestic banks with the total RMB and foreign currency asset volume more than 2 trillion yuan (as of year-end 2008).

中资中型银行：本外币资产总量小于2万亿元且大于3000亿元的中资银行。

Medium-sized Domestic Banks: refer to all the domestic banks with the total RMB and foreign currency asset volume more than 300 billion yuan but less than 2 trillion yuan.

中资小型银行：本外币资产总量小于3000亿元的中资银行。

Small-sized Domestic Banks: refer to all the domestic banks with the total RMB and foreign currency asset volume less than 300 billion yuan.

3. 修订后的金融机构分组如下：

3. Classification of Financial Institutions:

(1) 货币当局：中国人民银行。

(1) Monetary Authority: the People's Bank of China.

(2) 其他存款性公司。

(2) Other Depository Corporations.

①中资大型银行：中国工商银行、中国建设银行、中国农业银行、中国银行、国家开发银行、交通银行、中国邮政储蓄银行。

① Large-sized Domestic Banks: Industrial and Commercial Bank of China, China Construction Bank, Agricultural Bank of China, Bank of China, China Development Bank, Bank of Communications, Postal Savings Bank of China.

②中资中型银行：招商银行、中国农业发展银行、上海浦东发展银行、中信银行、兴业银行、中国民生银行、中国光大银行、华夏银行、中国进出口银行、广发银行、平安银行、北京银行、上海银行、江苏银行。

② Medium-sized Domestic Banks: China Merchants Bank, Agricultural Development Bank of China, Shanghai Pudong Development Bank, CITIC Bank, Industrial Bank Co., Ltd., China Minsheng Banking Corporations, China Everbright Bank, Huaxia Bank, Export-Import Bank of China, China Guangfa Bank, Ping An Bank, Bank of Beijing, Bank of Shanghai, Bank of Jiangsu.

③中资小型银行：恒丰银行、浙商银行、渤海银行、小型城市商业银行、农村商业银行、农村合作银行、村镇银行。

③ Small-sized Domestic Banks: Evergrowing Bank, China Zheshang Bank, China Bohai Bank, Small-sized Urban Commercial Banks, Rural Commercial Banks, Rural Cooperative Banks, Rural Banks.

④外资商业银行。

④ Foreign-funded Commercial Banks.

⑤城市信用社。

⑤ Urban Credit Cooperatives.

⑥农村信用社。

⑥ Rural Credit Cooperatives.

⑦财务公司。

⑦ Finance Companies.

(3) 其他金融性公司。

(3) Other Financial Corporations.

10 Concepts and Definitions for Major Indicators

①保险公司和养老基金（企业年金）。

① Insurance Companies and Pension Fund (Enterprise Annuities).

②信托投资公司。

② Financial Trust and Investment Companies.

③金融租赁公司。

③ Financial Leasing Companies.

④金融资产管理公司。

④ Asset Management Companies.

⑤汽车金融服务公司。

⑤ Auto Financing Companies.

⑥金融担保公司。

⑥ Financial Guarantee Companies.

⑦证券公司。

⑦ Securities Companies.

⑧投资基金。

⑧ Investment Funds.

⑨证券交易所。

⑨ Stock Exchange.

⑩其他金融辅助机构。

⑩ Other Financial Auxiliary Institutions.

主要指标解释

Major Indicators

2.1 货币当局资产负债表

2.1 Statistical Composition of the Balance Sheet of Monetary Authorities

1. **国外资产**：中国人民银行控制的以人民币计值的国家外汇储备、货币黄金及在国际金融机构的头寸和以外汇缴存的人民币存款准备金。

1. Foreign Assets: mainly include Renminbi equivalent value of the state foreign exchange reserves, monetary gold and position of the People`s Bank of China with international financial institutions, as well as the RMB required reserves in foreign currencies.

2. **对政府债权**：中国人民银行持有的政府债券。

2. Claims on Government: holding of government bonds by the People`s Bank of China.

3. **对其他存款性公司债权**：中国人民银行对其他存款性公司发放的贷款、再贴现、持有的其他存款性公司发行的金融债券及从其他存款性公司买入的返售证券等。

3. Claims on Other Depository Corporations: financing by the People's Bank of China in forms of lending, rediscounting, repos and etc., to other depository corporations,and purchased bonds issued by other depository corporations.

4. **对其他金融性公司债权**：中国人民银行对其他金融性公司发放的贷款，办理的再贴现以及持有的其他金融性公司发行的债券等。

4. Claims on Other Financial Corporations: financing by the People's Bank of China in forms of lending and rediscounting, etc. to other financial corporations,and purchased bonds issued by other financial corporations.

5. **对非金融性公司债权**：中国人民银行为支持老、少、边、穷地区发展而发放的专项贷款等。

5. Claims on Non-financial Corporations: ear-marked loan of the People's Bank of China to poor,remote,and minorities areas for economic development.

10 主要指标的概念及定义

6. **其他资产**：在本表中未作分类的资产。

7. **储备货币**：中国人民银行发行的货币、金融机构在中国人民银行的准备金存款。

8. **发行债券**：中国人民银行发行的债券。

9. **国外负债**：以人民币计值的中国人民银行对非居民的负债，主要包括国际金融机构在中国人民银行的存款等。

10. **政府存款**：各级政府在中国人民银行的财政性存款。

11. **自有资金**：中国人民银行信贷基金。

12. **其他负债**：在本表中未作分类的负债。

6. **Other Assets:** the assets not classified in the sheet.

7. **Reserve Money:** currency issued by the People's Bank of China and reserve requirements of financial insitutions.

8. **Bond Issue:** bonds issued by the People's Bank of China.

9. **Foreign Liabilities:** RMB equivalent value of non-resident claims on the People's Bank of China, mainly including deposits of international organizations with the People's Bank of China.

10. **Government Deposits:** treasury deposits of fiscal departments at various levels with the People's Bank of China.

11. **Self-owned Funds:** credit funds of the People's Bank of China.

12. **Other Liabilities:** the liabilities not classified in the sheet.

2.2 其他存款性公司资产负债表

1. **国外资产**：其他存款性公司以人民币计值的对非居民的债权，主要包括库存外币现金、存放境外同业、拆放境外同业、境外有价证券投资、境外贷款等。

2. **储备资产**：其他存款性公司存放在中国人民银行的准备金存款及库存现金。

3. **对政府债权**：其他存款性公司持有的政府债券。

4. **对中央银行债权**：其他存款性公司持有中国人民银行发行的债券及其他债权。

5. **对其他存款性公司债权**：其他存款性公司持有的本机构以外的其他存款性公司以本币和外币计值的可转让存款、贷款、股票及其他股权、金融衍生工具等。

2.2 Statistical Composition of the Balance Sheet of Other Depository Corporations (ODCs)

1. **Foreign Assets:** claims of other depository corporations on non-residents in Renminbi equivalent value, including cash in vaults, deposits with and lendings to foreign banks, overseas portfolio investments and overseas lending.

2. **Reserve Assets:** reserve requirements account with the People's Bank of China and cash in vaults.

3. **Claims on Government:** government bonds purchased by other depository corporations.

4. **Claims on Central Bank:** central bank bonds purchased by other depository corporations, and other claims on central bank.

5. **Claims on Other Depository Corporations:** claims of other depository corporations (ODCs)on other ODCs denominated in Renminbi or in foreign currencies, including transferrable deposits, loans,shares and other equities and financial derivatives, etc..

10 Concepts and Definitions for Major Indicators

6. **对其他金融性公司债权**：其他存款性公司存放和拆放给其他金融性公司的款项及持有其他金融性公司发行的债券等。

7. **对非金融性公司债权**：其他存款性公司对非金融性公司发放的贷款、票据融资和对非金融性公司的投资等。

8. **对其他居民部门债权**：其他存款性公司对其他居民部门发放的贷款等。

9. **其他资产**：在本表中未作分类的资产。

10. **对非金融机构及住户负债**：其他存款性公司吸收的非金融机构及住户的活期存款、定期存款、储蓄存款、外汇存款及其他负债。

11. **对中央银行负债**：其他存款性公司向中国人民银行借入的款项，包括再贷款、再贴现、债券回购等。

12. **对其他存款性公司负债**：其他存款性公司从其他存款性公司吸收的存款和拆入款等。

13. **对其他金融性公司负债**：其他存款性公司从其他金融性公司吸收的存款和拆入款项等。

14. **国外负债**：其他存款性公司以人民币计值的对非居民的负债，如非居民外汇存款、境外筹资和国外同业往来等。

15. **债券发行**：其他存款性公司为筹措资金而发行的债券等。

16. **实收资本**：其他存款性公司实际收到出资人投入公司的资本。

17. **其他负债**：在本表中未作分类的负债。

6. **Claims on Other Financial Corporations:** deposits with and lending to other financial corporations by other depository corporations and purchased bonds issued by these financial corporations.

7. **Claims on Non-financial Corporations:** loans to, notes on discount to and investment in non-financial corporations by other depository corporations.

8. **Claims on Other Resident Sectors:** loans to other resident sectors by other depository corporations.

9. **Other Assets:** the assets not classified in the sheet.

10. **Liabilities to Non-financial Institutions & Households Sectors:** deposits of non-financial & households sectors with other depository corporations, including demand deposits, time deposits and saving deposits, foreign exchange savings and other liabilities.

11. **Liabilities to Central Bank:** borrowing from the People's Bank of China in forms of borrowing, rediscounting, repos and etc., by other depository corporations.

12. **Liabilities to Other Depository Corporations:** deposits of and borrowing from other ODCs by other depository corporations.

13. **Liabilities to Other Financial Corporations:** deposits of and borrowing from other financial corporations.

14. **Foreign Liabilities:** liabilities of other depository corporations to non-residents in Renminbi equivalent value, including foreign exchange deposit of non-resident, external borrowing, and inter-bank transactions with foreign banks.

15. **Bonds Issue:** bonds issued by other depository corporations.

16. **Paid-up Capital:** capital contributed actually by the investors to other depository corporations.

17. **Other Liabilities:** the liabilities not classified in the sheet.

10 主要指标的概念及定义

2.3 存款性公司概览及货币供应量

将汇总的货币当局资产负债表与汇总的其他存款性公司资产负债表合并，编制存款性公司概览。

广义货币为存款性公司概览中的货币和准货币，现阶段我国货币供应量分为以下三个层次：

M0：流通中现金；
M1：货币，M0 + 活期存款；
M2：M1 + 准货币。

自 2001 年 6 月起，准货币中含证券公司存放在金融机构的客户保证金。

2.3 Depository Corporations Survey and Money Supply

Depository corporations survey is the consolidation of the balance sheets of the monetary authorities and other depository corporations.

Broad money is the money and the quasi-money of the depository corporations. There are three indicators of money stock at current stage in China:

M0: currency in circulation;
M1: or money, M0 + demand deposits;
M2: M1 + quasi-money.

Effective June 2001, other deposits would include margin account of security companies maintained with financial institutions.

3 金融市场

金融市场指资金供给者和资金需求者从事资金融通活动的场所。

同业拆借 指与全国银行间同业拆借中心联网的金融机构之间通过同业中心的交易系统进行的无担保资金融通行为。拆借期限最短为 1 天，最长为 1 年。交易中心按 1 天、7 天、14 天、21 天、1 个月、2 个月、3 个月、4 个月、6 个月、9 个月、1 年共 11 个品种计算和公布加权平均利率。

质押式回购 指交易双方进行的以债券为权利质押的一种短期资金融通业务，指资金融入方（正回购方）在将债券出质给资金融出方（逆回购方）融入资金的同时，双方约定在将来某一日期由正回购方按约定回购利率计算的资金额向逆回购方返还资金，逆回购解除出质债券上质权的融资行为。质押式回购的期限为 1 天到 365 天，交易系统按 1 天、7 天、14 天、21 天、1 个月、2 个月、3 个月、4 个月、6 个月、9 个月、1 年共 11 个品种统计公布质押式回购的成交量和成交价。

3 Financial Markets

Financial markets are markets in which financing activities occur between supplier and demander.

Interbank Lending refers to no-guarantee financing business which is dealt through the trading system of the CFETS by and among financial institutions which link the CFETS via the network. For interbank lending, the shortest term is 1 day, and the longest term is 1 year. The CFETS is responsible for calculating and publicating the weighted average rates in accord with a total of 11 terms including 1 day, 7 days, 14 days, 21 days, 1 month, 2 months, 3 months, 4 months, 6 months, 9 months, and 1 year.

Pledged Repo a type of short-term financing business where bonds are used by both trading parties as a pledge of rights. It refers to a financing act in which borrower (positive repo party), pledges bonds to lender (reverse repo party) for funds, and at the same time two parties agree upon that when at a future date positive repo party returns the amount of funds calculated at the specified repo rate to the reverse repo party, the reverse repo party shall lift the pledged rights on the pledged bonds. The terms of pledged repo range from 1 day to 365 days. Through the trading system, the trading volume and price of pledged repo is publicly released as a total of 11 terms including 1 day, 7 days, 14 days, 21 days, 1 month, 2 months, 3 months, 4 months, 6 months, 9 months and 1 year.

10 Concepts and Definitions for Major Indicators

债券 以票据形式筹集资金而发行的、承诺按一定利率付息和一定期限偿还本金的书面债务证书。包括国债、中央银行票据、金融债券、公司信用类债券等。

Bonds negotiable and bearer instruments which give the holder the unconditional right to a fixed or contractually determined variable interest on a specified date or dates. They include government securities, central bank bills, financial bonds, and corporate debenture bonds.

国债 政府发行的债券。

Government Securities securities issued by the government.

金融债券 除中央银行以外的金融机构发行的债券。

Financial Bonds bonds issued by the financial institutions excluding the central bank.

公司信用类债券 非金融企业发行的债券，包括非金融企业债务融资工具、企业债券以及公司债、可转债等。

Corporate Debenture Bonds bonds issued by the non-financial corporate businesses and include non-financial enterprise financing instruments, enterprise bonds, corporate bonds, convertible bonds, etc..

Shibor 上海银行间同业拆放利率，以位于上海的全国银行间同业拆借中心为技术平台计算、发布并命名，是由信用等级较高的银行组成报价团自主报出的人民币同业拆出利率计算确定的算术平均利率，是单利、无担保、批发性利率。目前，对社会公布的Shibor品种包括隔夜、1周、2周、1个月、3个月、6个月、9个月及1年。

Shibor Shanghai Interbank Offered Rate is calculated, announced and named on the technological platform of the National Interbank Funding Center in Shanghai. It is a simple, no-guarantee, wholesale interest rate calculated by arithmetically averaging all the interbank RMB lending rates offered by the price quotation group of banks with a high credit rating. Currently, the Shibor consists of eight maturities: overnight, 1 week, 2 weeks, 1 month, 3 months, 6 months, 9 months and 1 year.

中债国债收益率曲线 以全国银行间市场发行的人民币计价的固定利率国债为样本券，期限自隔夜至50年的收益率曲线。样本券发行人为中华人民共和国财政部。

Chinabond Yield Curve of Government Securities the yield curve with sample securities of CNY-denominated fixed-rate treasury bond with Yield-to-Maturity from O/N to 50 years in national interbank market. The issuer of the sample securities is Ministry of Finance of People's Republic of China.

中债中短期票据收益率曲线（AAA级） 以全国银行间市场发行的人民币计价的固定利率中期票据、短期融资券、超短期融资券和非公开定向债务融资工具为样本券，期限自隔夜至15年的收益率曲线。样本券发行人为主体信用评级为AAA级的非金融机构。

Chinabond Yield Curve of Medium/Short-term Notes (AAA) the yield curve with sample securities of CNY-denominated fixed-rate Medium-term notes, Short-term financing bonds, Super Short-term commercial paper and Privately placed debt-financing instruments with Yield-to-Maturity from O/N to 15 years in national interbank market. The issuer of the sample securities are non-financial institutions with credit rating of AAA.

10 主要指标的概念及定义

4 资金流量表主要指标的概念及定义

资金流量表（金融交易账户）[①] 用矩阵账户的表现形式，反映国民经济各机构部门之间，以及国内与国外之间所发生的金融交易的流量。该账户将国民经济所有的机构单位分为五大机构部门：住户、非金融企业、广义政府、金融机构和国外，列在矩阵账户的宾栏；将发生在这五大机构部门之间的所有金融交易按交易发生时所采用的金融工具的形式进行分类，列在矩阵账户的主栏；按照资金流量核算原则，采用复式记账法，以交易价格记录所有金融交易流量的价值；在每一个机构部门下，设来源与运用，反映各机构部门在各种金融资产与负债上的变化。

住户部门 由城镇住户和农村住户构成，含个体经营户。该部门主要从事最终消费活动及自我使用为目的的生产活动，也从事少量的以盈利为目的的生产活动。

非金融企业部门 由所有从事非金融生产活动，并以盈利为目的的常住独立核算的法人企业单位组成。

广义政府部门 由中央政府、各级地方政府、机关团体和社会保障基金组成。该部门为公共和个人消费提供非营利性产出，并承担对国民收入和财富进行再分配的职责。

金融部门 由主要从事金融中介或相关辅助性金融活动的金融性公司和准公司组成。该部门提供银行、保险、证券业等金融服务。

4 Flow of Funds Statement's Concepts and Definitions for major Indicators

Flow of Funds Statement (Financial Transactions Accounts)[①] being presented in matrix format. Flow of Funds Accounts encompass all financial transactions among domestic sectors and between these sectors and the rest of the world. In the accounts, all institutional units are grouped under five sectors: households, non-financial corporations, general government, financial institutions and the rest of the world, and all financial transactions are mainly classified by financial instruments. The financial transactions and sectors are listed on the rows and columns of the matrix respectively. The double entry flow of funds accounting is based on an accrual basis. All flows are measured according to the transaction prices. The terms sources and uses are employed to reflect the changes in financial assets and financial liabilities of each sector.

Households include urban and rural households with individually-owned enterprises also included. The sector is mainly engaged in final consumption and self-serving production. Some of them are also engaged in profit-making production.

Non-financial Corporations consist of resident corporate units which are market producers and whose principal activity is the production of goods and non-financial services.

General Government includes central government, local government, government organization and social security funds. They produce and supply non-market output for collective and individual consumption and they also assume responsibilities for redistributing national income and wealth.

Financial Institutions include financial corporations and financial institutions, which are primarily involved in financial intermediation and related auxiliary financial activities. They supply financial service including banking, insurance, and securities.

① 目前有些金融交易尚无法统计，如股权、商业信用和某些应收应付项目等。

① Some financial transactions are not accounted temporarily, such as equity, trade credit, some accounts receivable/payable.

10 Concepts and Definitions for Major Indicators

国外部门 与国内机构单位发生金融交易的所有非常住机构单位。

The Rest of the World non-resident units which have financial transactions with resident units.

资金运用合计 各部门资金运用之和。

Financial Uses are the total amounts in the uses column of each sector.

资金来源合计 为各部门资金来源之和。

Financial Sources are the total amounts in the sources column of each sector.

净金融投资 资金运用合计与资金来源合计的差额。

Net Financial Investment is the differences between financial uses and financial sources.

通货① 以现金形式存在于市场流通领域中的货币，包括辅币和纸币。

Currency① notes and coins in circulation.

存款 以各种形式存在存款类金融机构的存款，包括活期存款、定期存款、财政存款、外汇存款和其他存款等。

Deposits include all types of deposits of depository financial institutions, including demand deposits, time deposits, fiscal deposits, foreign exchange deposits and others.

活期存款 没有约定期限、随时可提取使用的存款。

Demand Deposits deposits which can be withdrawn on demand.

定期存款 约定存期、利率，到期支取本息的存款。

Time Deposits deposits that are subject to a fixed term and interest rate, which can be withdrawn principal and interest after the specified term.

财政存款 财政部门存放在银行业金融机构的各项财政资金。

Fiscal Deposits deposits of government sector in the banking financial institutions.

外汇存款 境内各机构部门在境内金融机构及国外的外币存款，以及国外部门在国内金融机构的外币存款。

Foreign Exchange Deposits foreign exchange denominated deposits of non-financial residents with domestic financial institutions and the rest of world, and those of non-residents with domestic financial institutions.

其他存款 未包括在以上存款中的其他存款，如委托存款、信托存款等。

Other Deposits deposits which are not classified above, such as designated deposits, trust deposits, etc..

① 现在还无法统计人民币在国外流通的以及外币在国内流通的货币数量。

① RMB circulated in foreign countries and the domestically circulated foreign currencies are not accounted temporarily.

10 主要指标的概念及定义

贷款 指金融机构发放的各类贷款，包括短期贷款、票据融资、中长期贷款、外汇贷款、委托贷款和其他贷款等。

Loans all transactions in loans, including short-term loans, bills financing, medium-term and long-term loans, foreign exchange loans, designated loans and other loans.

短期贷款与票据融资 指金融机构发放的短期贷款和票据融资。其中，短期贷款指金融机构提供的期限在1年以内（含1年）的贷款；票据融资指银行业金融机构通过对客户持有的商业汇票、银行承兑汇票等票据进行贴现提供的融资。

Short-term Loans and Bills Financing provided by financial institutions with a short-term maturity(usually within one year or one year) are short-term loans; bills financing means that the financial institutions offer the funds to the clients by discounting the commercial paper, bankers' acceptance bills, and other papers held by the clients.

中长期贷款 金融机构为企业和住户等部门提供的期限在1年以上的贷款。

Medium-term and Long-term Loans loans with a long-term (usually beyond one year) maturity.

外汇贷款 境内金融机构对其他机构部门提供的外币贷款，以及国外对境内机构提供的贷款。

Foreign Exchange Loans loans in foreign currencies made by domestic financial institutions to non-financial residents and the rest of the world and loans to residents by the rest of the world.

委托贷款 由政府部门、企事业单位及个人等委托人提供资金，由贷款人（受托人）根据委托人确定的贷款对象、用途、金额、期限、利率等代为发放、监督使用并协助收回的贷款。

Designated Loans used and managed for specified target and goals by banking financial institutions entrusted by government, enterprises, households or other designators which offer the funds.

其他贷款 未包括在以上贷款中的其他贷款，如信托贷款、融资租赁、各项垫款等。

Other Loans loans which are not classified above, include trust loans, fianancial leasing, advances, etc..

未贴现的银行承兑汇票 指未贴现的银行承兑汇票，即企业签发的全部银行承兑汇票扣减已在银行表内贴现部分。

Undiscounted Bankers' Acceptance Bills bankers' acceptance bills which haven't been discounted in financial institutions, equals all the bankers' acceptance bills minus their discounted parts.

保险准备金 指社会保险和商业保险基金的净权益、保险费预付款和未结索赔准备金。

Insurance Technical Reserves consist of net equity of social insurance and commercial insurance funds reserves, prepayments of insurance premiums, and reserves for outstanding claims.

金融机构往来 指金融机构部门子部门之间发生的同业存放、同业拆借和债券回购等。

Inter-financial Institutions Accounts consist of nostro & vostro accounts, interbank lending and repo among the sub-sectors of financial institutions.

10 Concepts and Definitions for Major Indicators

存款准备金 指各金融机构在中央银行的存款及缴存中央银行的法定准备金。

Required and Excessive Reserves financial institutions deposits in the People's Bank of China.

债券 机构单位为筹措资金而发行，并且承诺按约定条件偿还的有价证券，包括政府债券、金融债券、中央银行债券、企业债券等。

Bonds securities issued by institutions to raise funds and repaid in line with stipulated terms and conditions, including government bonds, financial bonds, central bank bonds, corporate bonds, etc..

政府债券 指政府机构部门发行并承诺在一定期限内还本付息的有价证券。

Government and Public Bonds bonds issued and guaranteed by the government institutions with interest and principal repaid on dates as agreed.

金融债券 除中央银行以外的金融机构发行的债券。

Financial Bonds bonds issued by the financial institutions excluding the central bank.

中央银行债券 中央银行发行的债券。

Central Bank Bonds bonds issued by the central bank.

企业债券 非金融企业发行的各类债券。

Corporate Bonds bonds issued by the non-financial corporate businesses.

股票① 股份有限公司根据《公司法》的规定，为筹集公司资本所发行的、用于证明股东身份和权益并据以获得股息和红利的凭证。

Shares① documents which represent property rights on corporations and entitle the holders to a share in the profits of the corporations and to a share in their net assets.

证券投资基金份额 由证券投资基金发行的，证明投资人持有的基金单位数量的受益凭证。

Securities Investment Funds Shares issued by securities investment funds, indicate quantities of funds held by investors.

库存现金 银行机构为办理本币和外币现金业务而准备的现金业务库存。

Cash in Vault local and foreign cashes reserved for business by banks.

中央银行贷款 指中央银行向各金融机构的贷款。

Central Bank Loans loans to financial institutions by the central bank.

直接投资 外国对我国的直接投资及我国常住单位对外国的直接投资。

Foreign Direct Investment foreign direct investment from abroad and outward direct investments made by domestic residents.

① 目前仅含能在股票交易所进行交易的股票的发行筹资额。
① Only includes listed shares.

10 主要指标的概念及定义

其他对外债权债务 除储备资产、外汇存贷款和债券以外的国内与国外之间的债权债务。

Other Foreign Assets and Debts the changes in foreign assets and liabilities other than reserve assets, foreign exchange deposits and loans, bonds.

国际储备资产 指我国中央银行的对外资产，包括外汇、货币黄金、特别提款权、在国际货币基金组织的储备头寸等。

International Reserve Assets refer to external assets held by China's central bank, including foreign exchange, monetary gold, SDRs, reserve positions with the International Monetary Fund (IMF), and etc..

国际收支错误与遗漏① 国际收支平衡表采用复式记账法。由于统计资料来源和时点不同等原因，形成经常账户与资本和金融账户不平衡的统计误差与遗漏。

Errors and Omissions in the BOP[1] arise from inconsistencies between current account and capital and financial account due to differences in source and point of time during the process of compiling the Balance of Payments through double-entry accounting.

5 5000户企业景气调查

5000户企业景气调查制度始建于1990年。调查包括月度工业企业主要财务指标统计及季度工业景气状况问卷调查。调查企业以国有大中型工业生产企业为主，还包括一些具有相当经济规模，有代表性的集体工业生产企业及企业集团。1993年以后增加了部分合资、外资及股份制工业生产企业。调查企业涉及27个行业，样本企业结构与中国工业的企业结构基本适应。调查结果大体上能反映中国工业的景气状况。

5 Business Survey of 5000 Principal Enterprises

The system of business survey of 5000 principal enterprises was initiated in 1990. The business survey encompasses monthly statistics of financial indicators of industrial enterprises and quarterly conducted questionnaire research of business conditions of these enterprises. The state-owned large-size and medium-size industrial enterprises constitute the majority of surveyed enterprises with some representative collectively-owned enterprises and conglomerates of handsome economic scale also being included in the samples. Since 1993, some joint venture, foreign-funded and share-holding industrial enterprises have entered into the survey successively. The surveyed enterprises involve 27 industries and the structure of sample enterprises is commensurate with that of China's industrial enterprises. The outcome of the business survey can basically reflect the business conditions of China's industry.

① 由于无法区分国际收支误差与遗漏中经常项目和资本项目的金额，目前资金流量核算中将国际收支的全部误差与遗漏都记录在资金流量金融账户中。

① Because it is difficult to identify the amount of this item on the current account and on the capital account, all the Errors and Omissions in the BOP in the Balance of Payments are presented on the flow of funds accounts temporarily.

10 Concepts and Definitions for Major Indicators

货币资金占用系数 为了实现一定量的产品销售需要占用的货币资金数量，即单位销售额占用的货币资金数。它可用于判断企业货币资金的松紧程度。

货币资金占用系数＝期末货币资金余额／(当年累计)产品销售收入额 ×12／月数

Ratio of Monetary Funds Occupation the amount of monetary funds required for realizing a certain amount of product sales, i.e. money required per unit sale. It is used for analyzing monetary situation of enterprises.

Ratio of monetary funds occupation=period-end balance of monetary funds/(current year accumulated)amount of product sales × 12/months

流动比率 指流动资产总额和流动负债总额之比。流动比率表示企业流动资产中在短期债务到期时变现用于偿还流动负债的能力。

流动比率＝流动资产合计／流动负债合计 ×100%

Liquidity Ratio ratio of liquid assets against liquid liabilities. It indicates an enterprise's capacity of liquidating assets to repay liquid liabilities when short-term debt becomes due.

Liquidity ratio=liquid assets/liquid liabilities × 100%

资产负债率 指一定时期内企业流动负债和长期负债与企业总资产的比率。该指标既反映企业经营风险的大小，又反映企业利用债权人提供的资金从事经营活动的能力。

资产负债率＝(流动负债＋长期负债)／资产总计 ×100%

Liabilities / Assets Ratio ratio of liquid and long-term liabilities to total assets of an enterprise during the fixed period. It not only indicates the riskness of an enterprise, but also the operational capacities of the enterprise in utilizing creditor's money.

Liabilities/Assets ratio=(liquid liabilities+long-term liabilities)/ total assets × 100%

流动资产周转率 指一定时期内流动资产平均占用额完成产品销售额的周转次数，反映流动资产周转速度和流动资产利用效果。

流动资产周转率＝(当年累计产品销售收入额 ×12／月数)／流动资产平均占用额

Turn-over Ratio of Liquid Assets number of times of average liquid assets' turn-over in a certain period for realizing products sales. It indicates the turn-over speed of liquid assets and effectiveness of the use of liquid assets.

Turn-over ratio of liquid assets=(accumulated sales of the current year × 12/months)/average liquid assets utilization

工业产品销售率 指一定时期内产品销售收入占工业产值的百分比，是反映工业产品生产已实现销售的程度，分析工业产销衔接状况的指标。

工业产品销售率＝产品销售收入额／工业总产值(现价)×100%

Industrial Products Sales Ratio ratio of product sales against total industrial production. It reflects the realized product sales in the industrial production enterprises and the links between production and sales.

Industrial production sales ratio=revenue of product sales/ value of industrial production(current price) × 100%

销售成本利润率 指一定时期内实现的利润额与耗费的销售成本总额之间的比率。

销售成本利润率＝利润总额／产品销售成本 ×100%

Ratio of Profits to Sales Expenses ratio of realized profits against sales expenses.

Ratio of profits to sales expenses=profits/product sales expenses × 100%

10 主要指标的概念及定义

6 **零售价格指数** 由国家统计局编制，是反映城乡商品零售价格变动趋势的一种经济指数。零售物价的调整变动直接影响城乡居民的生活支出和国家的财政收入，影响居民购买力和市场供需平衡，影响消费与积累的比例。因此，计算零售价格指数，可以从一个侧面对上述经济活动进行观察和分析。

6 **Retail Price Index (RPI)** reflects the general change in prices of retail commodities, which is compiled by State Statistics Bureau (SSB). The changes in retail prices directly affect living expenditure of urban and rural residents and government revenue, purchasing power of residents and equilibrium of market supply and demand, and the proportion of consumption and accumulation. Therefore, RPI can predict to certain extent the changes of the above economic activities.

居民消费价格总指数 由国家统计局编制，是反映一定时期内城乡居民所购买的生活消费品和服务项目价格变动趋势及程度的相对数，是综合了城市居民消费价格指数和农民消费价格指数计算取得的。利用居民消费价格指数，可以观察和分析消费品的零售价格和服务价格变动对城乡居民实际生活费用支出的影响程度。

Consumer Price Index (CPI) reflects the relative change in prices of consumer goods and services purchased by urban and rural residents, and is derived from urban CPI and rural CPI, which is compiled by SSB. CPI can be used to predict the impact of consumer price changes on living expenditure of urban and rural residents.

企业商品价格指数 由中国人民银行编制，其前身是批发物价指数，始编于1994年。这是反映企业间商品交易价格变动趋势和程度的综合价格指数，其商品调查范围涵盖全社会物质产品，既包括投资品，也包括消费品。指数体系包括三种分类：一是按国家标准行业分类，二是按商品的生产过程分类，三是按商品用途（也称需求）分类。企业商品价格指数采用固定权数加权几何平均公式计算，所用权数根据投入产出表和工业普查资料、农业统计资料和其他补充调查资料测算。全国共有220多个调查城市，分布在除西藏以外的各省、自治区和直辖市。所选商品791种，规格品1700多种，报价企业2500户。

Corporate Goods Price Index (CGPI) compiled by the People's Bank of China and it was preceded by Wholesale Price Index (WPI), which had come into existence since 1994. CGPI is a comprehensive price index, which represents developments in the prices of goods provided in inter-enterprise transactions. The surveyed goods of CGPI covers all material products of the whole society, i.e. capital goods and consumer goods. And the Price Index System can be classified as three different categories: the first one classification is in line with the state standard industry classification, the second one is on the basis of different production process, and the third one is on the basis of commodity uses. The calculation of CGPI is based on the equation of fixed-weighted geometric mean with the weights calculated on the basis of the input-output table, industry general survey, agriculture statistics and other supplementary survey. There are more than 220 cities joining the survey, which covers all provinces, municipalities under direct jurisdiction of central government, and autonomous regions except Tibet. The CGPI covers 791 surveyed commodities, more than 1700 sample goods and 2500 outlets of enterprises.

责任编辑：贾　真
责任校对：李俊英
责任印制：程　颖

图书在版编目（CIP）数据

中国人民银行统计季报．2020年第4期：总第100期 / 中国人民银行调查统计司编．—北京：中国金融出版社，2020.12

ISBN 978-7-5220-1003-8

Ⅰ.①中… Ⅱ.①中… Ⅲ.①中国人民银行—统计资料—2020 Ⅳ.①F832.31-66

中国版本图书馆CIP数据核字（2021）第014385号

中国人民银行统计季报 2020-4
ZHONGGUO RENMIN YINHANG TONGJI JIBAO 2020-4

出版
发行　中国金融出版社

社　址　北京市丰台区益泽路2号
市场开发部　（010）66024766，63805472，63439533（传真）
网上书店　http：//www.chinafph.com
　　　　　（010）66024766，63372837（传真）
读者服务部　（010）66070833，62568380
邮　编　100071
经　销　新华书店
印　刷　北京侨友印刷有限公司
装　订　平阳装订厂
尺　寸　210毫米×285毫米
印　张　7
字　数　212千
版　次　2020年12月第1版
印　次　2020年12月第1次印刷
定　价　98.00元
ISBN 978-7-5220-1003-8